T0282178

El mundo rosa de

Barbie

CHRISTINE ROSE

El mundo rosa de Barbie

EL IMPACTO DE UNA MUÑECA QUE HOY ES SÍMBOLO DE EMPODERAMIENTO DE LA MUJER

Duomo ediciones

Barcelona, 2023

¡AVISO!

Si todavía no has visto la película, hazlo antes de leer este libro.
De lo contrario, te fastidiaría varias sorpresas que es mejor experimentar por uno/a mismo*.

Spoiler:

Life in Plastic, it's (not) fantastic

Y de eso va este libro: de cómo una muñeca que nació para ser la inspiración de todas las niñas se ha convertido en un recordatorio de que la vida es perfectamente imperfecta.

*Vestir de color rosa para ver la película de Greta Gerwig no hará que la entiendas mejor, pero es una experiencia altamente recomendable.

Índice

Los números de *Barbie*, la película

Unas pocas cifras para entender el fenómeno mundial de su lanzamiento en la gran pantalla

«Señores fuera de sí tras ver *Barbie*».

«*Barbie* supera los 1000 millones en taquilla y destroza el récord histórico de *Harry Potter*, que llevaba 12 años vigente».

«*Barbie* arrasa en los cines y se convierte en el estreno más exitoso dirigido por una mujer».

«Barbie: ¿icono feminista o ideal de belleza tóxico?».

Estos son solo algunos de los titulares que se han podido ver en los medios de todo el mundo tras el estreno de la esperada película de Greta Gerwig, directora también de otros filme como *Mujercitas* o *Lady Bird*; y protagonizada por Margot Robbie, conocida por sus papeles en *El lobo de Wall Street* y *Escuadrón Suicida*.

Lo que ya auguraba ser uno de los estrenos con más *hype* del año, no solo ha derivado en un éxito en taquilla y ha catapultado a su directora a la cima de Hollywood y del mundo entero, sino que ha generado un fenómeno internacional que nos ha dejado una de las mejores campañas de *marketing* de la historia para dar a conocer una película, y ríos de gente vestida de rosa en las colas de los cines.

Y no solo eso: el estreno de la película ha supuesto la reinvención de todo un icono, y ha puesto en boca de todos un debate sobre el feminismo, el patriarcado y la nueva masculinidad.

Pero ¿cómo ha conseguido una muñeca hacer que se cuestione una sociedad entera?

Este libro es para todos aquellos que siempre adoraron a Barbie. Y, sin duda, también es para todos aquellos a los que nunca les gustó.

«Los humanos
solo tienen un final.
Las ideas
viven para siempre».

«Quiero ser la que imagine,
no la idea».

1. Welcome to Barbieland!

Las claves del éxito de la película

El estreno de *Barbie, la película* ha sido un éxito indiscutible. Y ya no solo hablamos de la recaudación en taquilla o de que, durante el rodaje, la pintura de color rosa fluorescente escaseara, ya que agotaron las existencias del principal fabricante de este tono.

Hablamos de todo lo que ha generado este fenómeno y de la diversidad de opiniones que ha provocado. Porque si hay algo que ha conseguido Mattel con el lanzamiento de esta película es dejar muchos temas abiertos a la opinión.

¿Una muñeca adorada y odiada a partes iguales? Sin ninguna duda. Para eso solo hace falta ver sus críticas en Google. No hay término medio. Barbie es una representación que ha avivado los extremos.

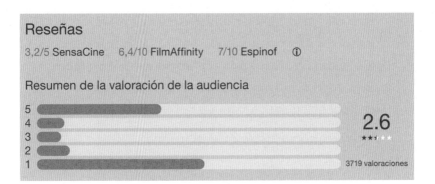

Como bien se representa al inicio del film, este juguete llegó a las vidas de las más pequeñas para que soñaran con ser algo más que madres.

¿Icono de opresión a las mujeres o de empoderamiento?

Barbie supuso una revolución en su época. Hasta su lanzamiento en 1959, lo habitual era ver a niñas pequeñas jugando con bebés, imitando lo que sus madres hacían con ellas y sus hermanos. La nueva muñeca llegó para decirles que podían ser algo más. Y no nos referimos a las múltiples profesiones que Barbie fue adaptando con el paso de los años: astronauta, doctora, deportista o científica. Barbie nació con el único objetivo de que las niñas se identificaran con una mujer joven, guapa y estilosa.

Pero eso, claro, también hizo que muchas niñas renunciaran a sus aspiraciones: si no tenían una imagen parecida a la de la muñeca, si no eran blancas, rubias, guapas y delgadas, ¿cómo iban a poder llegar a ser nada en la vida...? por no hablar de lo de ser astronautas.

Si no eras como Barbie, no eras «normal».

Una Barbie podía ser todo lo que quisiera*

*siempre y cuando fuera rubia, alta y delgada

Desde hace ya casi un siglo se han multiplicado los casos de gente que sufre de miedo a ser imperfecta o a estar incompleta; se llama atelofobia, aunque generalmente se lo conoce como el «síndrome de Barbie». Y es que durante años, la icónica muñeca rubia, de ojos azules, con unas medidas perfectas (que equivaldrían a 91 cm de pecho, 46 cm de cintura y 84 cm de cadera), una supermansión, un descapotable, una pareja igual de perfecta que ella y miles de profesiones, se ha asociado con la perfección.

¿Y quién puede cumplir todos estos requisitos? Realmente, muy pocas personas. ¿Resultado? Frustración.

De hecho, esa es la premisa de *Barbie, la película*: cuando ella empieza a verse «imperfecta» y a no encajar en su mundo ideal, tiene que forzarse a realizar un viaje y encontrar la solución a sus problemas.

Lo que viene después poco tiene que ver con su aspecto físico y con cirugías plásticas para poder encajar; pero, al fin y al cabo, el tema de la película es no encajar en la norma.

La intención era buena

Barbie nació para que las niñas pudieran proyectar aspiraciones y sueños con ella. En el mundo real, esta búsqueda desesperada por la excelencia y los casos de atelofobia han llevado a muchas a rendirle tal culto a la muñeca que han llegado a extremos inimaginables para parecerse a ella.

Los casos de las llamadas «Barbies humanas» y sus múltiples cirugías y cantidades de maquillaje para parecerse a ella son el extremo de esta enfermedad clínica, síntoma de un perfeccionismo asfixiante que acaba por anular a la persona, generándole una obsesión que puede acabar derivando en el aislamiento por exigir esa misma perfección a su alrededor. Algo verdaderamente terrible.

Un trastorno más frecuente en mujeres

Según la psicóloga Lara Ferreiro, y tal y como se recoge en el *Diagnostic and Statistical Manual of Mental Disorders* (DSM-V), los condicionantes de la sociedad actual y el auge de las redes sociales han hecho que este tipo de fobia sea cada vez más frecuente, sobre todo en mujeres (2,4 %) pero también en hombres (1,4 %).

Hay que apuntar también que la psicóloga comenta que hoy en día Internet juega un papel muy importante en ello, pero no es el único determinante: el entorno, el nivel de exigencia durante la crianza, ciertos traumas... también pueden provocar el desarrollo de este miedo (aparte de que, como hemos mencionado, este fenómeno es muy anterior a la popularización de Internet).

Claro que, entonces, ¿cómo es posible que un personaje que descubre que tiene ¡guau, celulitis!, y pies planos, y se hace preguntas sobre la muerte... haya acabado siendo para muchos un icono feminista?

No es la Barbie que esperábamos. Es mejor

El morbo que causó el anuncio de esta película fue el mismo que el del lanzamiento de un cohete a la luna. Todo el mundo estaba expectante de cómo iba a ser un film sobre la famosísima muñeca que «tantos traumas» habría creado en las niñas pequeñas.

Igual que todos miramos esas imágenes de la NASA cuando un cohete despega para ver si realmente lo va a conseguir, esperábamos impacientes el estreno de *Barbie*. Y si lo que nos gusta de los cohetes es —no nos mintamos— ver cómo se resquebrajan y caen porque de alguna manera nos sentimos mejores viendo el fracaso de otros, lo mismo pasaba con esta película basada en un personaje tan polémico como Barbie. La gente estaba deseando que saliera la película para criticarla. Para bien o para mal, todo el mundo iba a opinar. Y así fue.

Lo que casi nadie esperaba es que Barbie no solo triunfara sino que se volviera un símbolo feminista. Y, para colmo, interpretada por una actriz con unos cánones de belleza tan arraigados a la sociedad como los de Margot Robbie.

La reinvención de un icono que ahora es símbolo de empoderamiento para la mujer

La cinta de Greta Gerwig incluso ha recibido el distintivo de «Especialmente recomendada para el fomento de la Igualdad de Género» por parte del Instituto de la Cinematografía y de las Artes Audiovisuales (ICAA).

Entre los méritos de *Barbie* para recibir esta calificación, el ICAA citó algunos de los motivos del *HuffPost*: «Promueve la igualdad de género entre hombres y mujeres; visualiza la discriminación de género; pondera valores feministas y critica el machismo».

Además, algunos de los responsables que otorgaron el distintivo a la película destacaron que también «visibiliza el daño que el patriarcado hace a los hombres».

Si bien por el tráiler y las imágenes que se colaron previamente al estreno sabíamos que el film iba a estar protagonizado por gente guapa y bien vestida, ya en los primeros minutos la protagonista se hace una simple pregunta que nos descoloca del todo:

«¿Pensáis alguna vez en la muerte?».

Que una Barbie se pregunte por la fecha de caducidad de los seres humanos en los primeros minutos del film apuntaba a que la cinta de Greta Gerwig iba a ir mucho más allá de lo que imaginábamos.

¿Tenemos las mujeres fecha de caducidad?

Porque, si bien en Barbieland nadie envejece, cada día es igual al anterior y, por tanto, el destino es inalterable, ¿qué pasa con nosotras (y nosotros) en el mundo real? ¿Está en nuestra mano cambiar nuestro propio destino?

Barbie va de autodescubrirse, de revisar lo que hasta ahora uno conocía y de intentar cambiar lo que uno no quiere para sí mismo. Va de estar perdido y encontrarse. O al menos, de tener la intención de hacerlo. Y romper con lo establecido no es algo que a muchos les haga gracia.

¡WELCOME, POLÉMICAS!
Mojo Dojo Casa House

Repetimos: este es un libro con muchos *spoilers* sobre la película. Así que, si no la has visto, quizás deberías dejar de leer, hacerlo y retomar la lectura después.

Vayamos a la parte con la que muchos hombres están más que descontentos con esta nueva versión de Barbie.

Como saben incluso aquellos que no han visto la película, el film habla de unos personajes que tienen que dejar el mundo idílico de Barbieland (en el que las mujeres son presidentas, reconocidas periodistas y hacedoras de todo) para marcharse al mundo real, un mundo en el que el poder está copado por los hombres y en el que las Barbies quedan relegadas más bien a un segundo plano. ¿Te suena ese mundo?

El truco de la directora: representarlo con un tono que va de lo cómico a lo crítico

De una forma sofisticada y provocadora, *Barbie* logra lo impensable al plantarle cara a la sociedad actual con una mirada desenfadada pero afilada sobre el patriarcado.

Las Barbies pueden ser lo que quieran. Los Ken son... solo Ken

Aunque Barbie y la madre y la hija con las que entabla amistad, interpretadas por America Ferrera y Ariana Greenblatt, son el corazón de la película, esta va más sobre Ken —Ryan Gosling— que sobre Barbie. Sobre encontrar el sentido de su vida y sobre revisar su dependencia hacia Barbie.

A través de cómo la cultura popular ha influido en la concepción de la masculinidad, la directora se aventura a desafiar las expectativas y los estereotipos arraigados sobre qué significa la feminidad y la masculinidad en la sociedad actual, y lo hace a través de referencias humorísticas con figuras icónicas como Sylvester Stallone.

El personaje de Ken encuentra, en el mundo real, a ese icono del «macho alfa» en la figura de Sylvester Stallone, el Rambo de los años ochenta, convirtiéndolo en un símbolo satírico de las ideas que la película critica. Y es por ello que muchos han tachado a *Barbie* como una «película antihombres».

¿Una película que odia a los hombres?

Al principio de la película, vemos cómo en Barbieland todos los hombres son ciudadanos de segunda.

Al igual que en la Dreamhouse de Barbie, la protagonista tiene a su disposición todos los accesorios con los que una niña podría soñar. Ken es, en efecto, otro accesorio más.

De hecho, incluso sus actuaciones y las líneas de la película son así de simples y bobaliconas. Y es que su única función es estar ahí por si a las Barbies les apetece verlos de vez en cuando. Son meros satélites.

La directora Greta Gerwig dinamita el universo perfecto de la que hasta ahora ha sido considerada la muñeca (y mujer) perfecta. Y eso es lo que hace tan interesante esta revisión de Barbie.

Hombres rabiosos que no entienden nada

La película de Barbie presenta un mundo al revés, un espejo del nuestro. En Barbieland son ellas las que mandan...

justo al contrario que en el mundo real. Y Ken cree que el patriarcado podría ser su salvación.

I'm just Ken, anywhere else I'd be a ten («Solo soy Ken; en cualquier otro lugar sería el número uno»), dice la genial canción que interpreta Ryan Gosling. Exactamente lo mismo que podría decir cualquier mujer en nuestra sociedad patriarcal.

Y así nos adentramos en el viaje de autodescubrimiento de Ken, que le lleva a ver que la presión del patriarcado le disgusta por igual, ya que también en este es una víctima.

No obstante, algunos espectadores masculinos no entendieron así la historia, y sus críticas en redes sociales acabaron por hacerse casi tan virales como la película.

«Nos pintan como inútiles».

«Barbie es un rollo woke de dos horas lleno de discursos feministas y una rabia bestial contra los hombres».

«Nos tratan de cavernícolas degenerados».

«Las mujeres odian a las mujeres. Y los hombres odian a las mujeres. Es lo único en lo que todos están de acuerdo».

«La película de Barbie es un panfleto del feminismo radical que da vida a la muñeca para envenenar a niñas y adolescentes con un discurso supremacista de la mujer como doctrina que ridiculiza a los hombres».

¿Lo más divertido? Los montajes de @TechnicallyRon que inundaron las redes con el cartel de la película y estas frases de hombres enfadados que hacían todavía más divertida la polémica en redes.

Feminidad y feminismo en constante evolución

Una Barbie que se cuestiona a sí misma y nos invita a cuestionarla

¿Puede ser la Barbie del siglo XXI un referente positivo para las niñas de hoy?

Para las primeras generaciones, Barbie quizá funcionó como figura para animar a las niñas a soñar con algo más que la maternidad. Al fin y al cabo, las más pequeñas cambiaron sus muñecos de trapo o bebés por una estilosa muñeca de plástico duro que era la (no) viva imagen de una mujer independiente.

Una anatomía imposible de imitar

Para las que vinieron después, esta muñeca con una anatomía imposible de imitar quizás fue un recordatorio constante de que la «perfección» era algo inalcanzable.

El objetivo progresista con el que nació acabó desdibujándose para dar paso a un símbolo de opresión hacia las mujeres. No solo fue vista como una muñeca con unos cánones de belleza disparatados, sino como un juguete que perpetuaba los estereotipos de género: incluso había Barbies* con mecanismos de voz que decían frases como «Qué difíciles me parecen las matemáticas».

*De esta Barbie en particular hablaremos en el capítulo 9 porque ¡vaya Barbie!, pero hasta entonces... *http* y sigamos.

Hablemos ahora de la feminidad. Esta se considera el conjunto de características físicas, psíquicas o morales propias de la mujer o de lo femenino, en oposición a lo masculino.

Lo que sucede en la sociedad actual es que estas cualidades se consideran inferiores o de segunda y, por consiguiente, se toman menos en serio.

El revuelo que causó el estreno de *Barbie* dio protagonismo a toda esa feminidad llena de rosa y de *glitter* que tan poco en serio se podía tomar. Pero llegó de la mano de Greta Gerwig, y eso supuso un gran giro de timón.

Barbie consigue elevar a la cima «las cosas típicamente de niñas» que en los últimos años se han visto ridiculizadas y ninguneadas

Existe un término llamado *femmefobia* que hace referencia a la aversión u hostilidad hacia personas o cualidades estereotípicamente femeninas.

Este surge en un contexto cultural en el que la feminidad está sistemáticamente menos valorada que la masculinidad, y en el que los rasgos asociados a la masculinidad —racionalidad e independencia— se consideran normales o ideales para todas las personas. Así que, de alguna manera, esta película y esta nueva Barbie se han convertido en una oda al «bando perdedor».

¿Es Barbie, a día de hoy, feminista?

El mundo está manteniendo nuevas conversaciones culturales sobre género y sexualidad. Que una muñeca que nació hace 60 años les haya dado hoy tanto relieve ya sería motivo para calificarla como feminista.

La compañía que creó la muñeca, Mattel, no se posiciona sobre este tema porque, señores y señoras, el dinero manda. Y ofender a alguien supone pérdidas. Pero la simple elección de una directora con títulos tan feministas a la espalda como *Mujercitas* o *Lady Bird* habla por sí sola.

¿Puede decirse que esta Barbie feminista? Hummm... Lo que sí sabemos es que esta Barbie representa a una mujer mucho más humana, con sus defectos y problemas, y eso

—en comparación con lo que representaba antes— quizá ya nos da muchas pistas.

En todo caso, es mejor pensar que esta respuesta la darán dentro de unos años las niñas que hayan visto la película.

«Para mí eso resume lo que es Barbie: una madre que mira a su hija y trata de darle la capacidad de soñar con más para sí misma».

Greta Gerwig

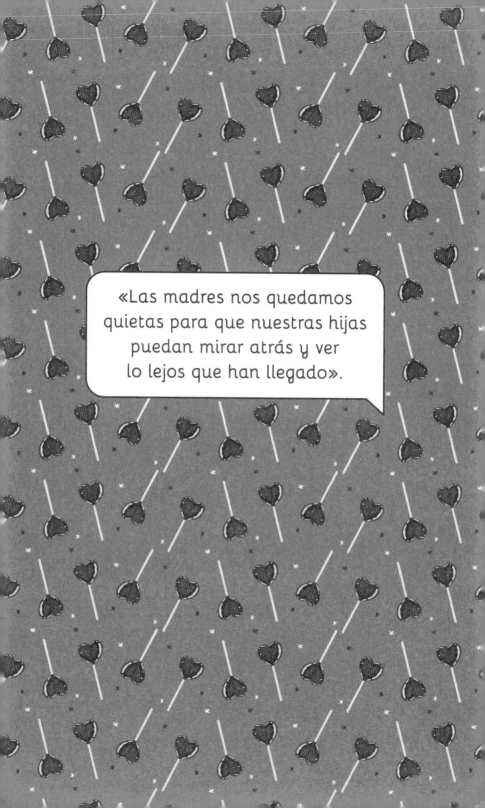

«Las madres nos quedamos quietas para que nuestras hijas puedan mirar atrás y ver lo lejos que han llegado».

«Porque Barbie puede ser
cualquier cosa,
las mujeres pueden ser
cualquier cosa».

2. Barbistory

Life in plastic, it's fantastic!

Echemos la vista atrás y pongamos un poco de contexto en la que es la muñeca más famosa de la historia. ¿Cuándo se lanzó al mercado? ¿Quién lo hizo? ¿Cómo se le ocurrió la idea?

Si Barbie está en boca de todo el mundo, indudablemente es por el reciente estreno de la película protagonizada por Margot Robbie, pero el origen de la muñeca dice más de este juguete de lo que muchos pueden pensar.

Lilli, la muñeca que «inspiró» a la creadora de Barbie

Quien dice inspirar, también puede decir «prácticamente plagiar». Y si Greta Gerwig ha inspirado su película en la muñeca que creó Ruth Handler, esta se inspiró en una muñeca alemana llamada Lilli. El éxito de ventas millonarias, por supuesto, siempre se lo otorgaremos a Ruth, Barbie y Mattel.

Pero hablemos de la muñeca detrás de la muñeca más famosa del planeta.

Lilli, también conocida como Bild-Lilli, pasó de ser la protagonista de una tira cómica en un periódico de Hamburgo a ser una muñeca de plástico.

El público, sin duda, no era el mismo al que unos años después se dirigiría Barbie. Lilli era una ilustración hecha para el público adulto. En la época se la consideró como sexualmente desinhibida: el personaje salía con hombres mayores para conseguir dinero, según señalan medios como *All That's Interesting*.

Su simpatía y popularidad entre el público no tardaron en acabar por convertirla en una muñeca de plástico duro; aunque, al revés que Barbie, esta se vendía en estancos, bares y tiendas de juguetes para adultos.

Tan solo tres años después, Ruth Handler se topó con uno de los modelos de Lilli durante un viaje por Europa. Muy poco después llegaría al mundo la primera versión de Barbie.

¿En qué se parecían Lilli y Barbie?

Al principio, prácticamente en todo. Fueron las primeras muñecas que no tenían forma de niña sino cuerpo de mujer adulta. También lucían una melena larga y rubia, y llevaban las cejas marcadas y pintalabios rojo.

No obstante, fue Barbie la que cambiaría para siempre la forma de jugar de las niñas.

El debut de Barbie

1959: la primera muñeca

«Barbie nació con un propósito muy claro: inspirar el potencial ilimitado de las niñas. Ruth Handler la creó para mostrarles todo aquello que podían llegar a ser», explica Céline Ricaud, responsable de *marketing* de Mattel en España y Portugal.

Era una apuesta perfecta. Hasta entonces, las niñas jugaban a ser mamás. Pero ¿y si querían jugar a ser ellas mismas, a lo que aspiraban a ser de mayores? ¿Y si sus sueños iban más allá de ser madres?

Jugar a ser ellas mismas

Es increíble pensar en cómo una muñeca que nació con este objetivo llegó a convertirse en un icono de opresión. Ruth Handler reconoció que su muñeca Barbie era «más sexi» que cualquier otro juguete infantil, y eso fue lo que la catapultó al éxito.

Fue el 9 de marzo de 1959, en la Feria de Juguetes de

Nueva York, cuando se presentó el primer modelo de la muñeca. Barbie salió con un precio de venta de 3 dólares y vestía un icónico traje de baño a rayas blancas y negras (el mismo que vemos en la primera escena de la película).

A pesar de todo, Ruth Handler confesó que a la mitad de sus clientes no les gustó. Los hombres pensaron que las mujeres no comprarían a sus hijas una muñeca con cuerpo de mujer, de apariencia adulta y sexual. Evidentemente, se equivocaron.

Evolución

Hay estudios que confirman que en el mundo se vende una Barbie cada tres segundos. Y a pesar de que jamás sabremos si el dato es totalmente real, lo que es incuestionable es su enorme éxito (¿quién no la conoce?) y los millones y millones de muñecas que se fabrican y comercializan cada año, además de que sus nuevas colecciones se convierten en noticia y cuenta con modelitos creados en exclusiva para ella por los diseñadores de moda más importantes.

Mattel pone a Barbie a trabajar

La empresa Mattel ha vivido una clara evolución desde sus inicios y no solo a través de su muñeca más famosa. Pero uno de sus mayores logros ha sido conseguir que Barbie represente la inclusión de las mujeres en el mundo laboral, siempre unida a los cambios en la moda y a la forma de pensar de la sociedad.

A día de hoy, poco tienen que ver las Barbies que encontramos en las jugueterías con la Barbie Malibú que se comercializaba entre 1966 y 1971, cuya vestimenta era únicamente un bañador y sus gafas de sol. Si Barbie pretendía que cualquier niña soñara con ser lo que quisiera, había que crear Barbies para todos esos sueños. Y así lo hicieron.

A partir de 1973, Barbie empezó a tener trabajos que iban desde profesora, enfermera, futbolista, científica, chef, florista y veterinaria hasta incluso astronauta.

En la actualidad, las muñecas Barbie se acercan cada vez más a los estándares de belleza femeninos y la compañía está explorando nuevos diseños cada vez más inclusivos

André Moreira, responsable de productos de consumo para Mattel Iberia, afirmaba en una entrevista que le hicieron a raíz del estreno de la película que la compañía había logrado crear «la muñeca más inclusiva de la Historia». Y así es.

Ya en 2021, ocho de las diez muñecas más populares a nivel mundial eran diversas, por lo que la compañía sigue poniendo el foco en dar visibilidad a los más pequeños sobre diversidad y representar todavía más realidades.

En las últimas líneas que ha sacado Mattel, han incluido Barbies con implante coclear, además de una muñeca con pierna protésica y un Ken con vitíligo.

«Es importante que los niños y niñas se vean reflejados en el producto y que se fomente el juego con muñecas que no se parecen a ellos para ayudarles a entender y celebrar la importancia de la inclusión», comentaba Lisa McKnight, vicepresidenta y jefa de Barbie y muñecas de Mattel.

Barbie, una profesional de aquí a la luna

Si el objetivo de Ruth Handler era el de crear una muñeca para inspirar a las más pequeñas, estas pudieron verse reflejadas en más de 250 profesiones. En los más de 60 años de historia de Mattel, la compañía lanzó al mercado versiones de Barbie con todo tipo de ocupaciones.

¿Se te ocurren 30 profesiones? ¿Y 250?

Querido lector, te proponemos un juego: piensa en 30 profesiones. Verás que no es tan fácil ni tan rápido como imaginabas. Tómate tu tiempo. Calcula cuánto has tardado en pensar hasta 30 y ahora piensa en 250. Son muchísimas profesiones. Es indiscutible que Mattel cumple con creces su objetivo de inclusividad. Es válido pensar que es lo que le conviene como empresa: más modelos para vender. Pero también es innegable que Barbie puede ser literalmente lo que quiera ser: sea lo que sea seguramente, Mattel ya lo ha creado.

¿Quién no necesita a Barbie?

Según la teoría de Henry Murray, psicólogo americano tan importante como polémico por algunas de sus ideas y experimentos, el deseo de hacerse con un determinado producto se basa en seis necesidades. Aunque nunca se refirió a Barbie en concreto, se le pueden aplicar perfectamente, sobre todo durante sus primeros años, cuando era comparativamente más cara y exclusiva.

1 Necesidad de cambio: todos, y los más pequeños también, buscan cosas nuevas, evitar la rutina y estar a la moda.

2 Necesidad de orden: debido a su gran cantidad de complementos, Barbie permite jugar a tenerlo todo bajo control y de forma muy organizada.

3 Necesidad de afiliación: una Barbie genuina no está al alcance de todos. Tenerla hace que, en cierta forma, su dueña se sienta parte de una comunidad «exclusiva». Exactamente igual que, en otro grado, unas zapatillas deportivas de marca para los adolescentes o un coche de lujo para un adulto.

4 Necesidad de exhibición: por lo dicho anteriormente, este juguete «exclusivo» permite a las niñas ser el centro de atención ante sus amigas y compañeras, o al menos sentirse a su misma altura.

5 Necesidad de poder: estar al cargo de una Barbie permite ejercer el control sobre ella y, literalmente, decidir su destino.

6 Necesidad de logro: al fin y al cabo, Barbie sirve para soñar con lo que una quiera ser. Es la representación de la superación de obstáculos y el alcance final del éxito.

Barbie, la primera gran *influencer*

Indiscutiblemente, Barbie ha reinado por encima de las otras muñecas durante décadas por diversos factores, pero ¿cuáles han sido realmente las claves del éxito que la han llevado hasta la cumbre?

1 A través del juego, los niños estimulan la empatía y desarrollan sus habilidades sociales. Dadas sus características únicas, Barbie era (y es) la que más permite a las niñas mostrar al mundo sus aspiraciones, además de conocer las de sus compañeras de juegos. En otras palabras: tu modelo de Barbie dice mucho de ti.

2 La variedad de profesiones de Barbie ha servido, durante todos estos años, para expresar la identidad de los más pequeños y representar lo que pueden llegar a ser. ¿Quién no ha entrado en una juguetería y ha soñado con dedicarse a todas esas profesiones que una muñeca dentro de una caja te daba la oportunidad de explorar?

3 Su estética y la evolución de su estilo han conseguido estar siempre presentes en el imaginario ideal de los niños. Y cierto es que durante muchos años tuvo un único modelo de belleza que después viró hacia la diversidad, pero Barbie fue, es y será siempre muy *cool*, y nunca dejará de proyectar *vibes* aspiracionales.

4 La gran variedad de muñecas que Mattel ha lanzado durante estos más de 60 años ha sido la debilidad de muchos coleccionistas, que atesoran toda clase

de ediciones limitadas y modelos antiguos y retirados que no hacen sino aumentar en valor con los años.

5 La creación de experiencias a través de este personaje tan icónico más allá de la muñeca de plástico. Mattel ha sabido siempre evolucionar su negocio y transformar lo que sabía que funcionaba en múltiples productos, acompañándolos de estrategias de *marketing* extraordinariamente efectivas.

¿La prueba? Podríamos decir que el éxito ahora mismo de la película (y, de rebote, el que estés leyendo este libro) dicen mucho sobre la vigencia de Barbie tantos años después. Pero, evidentemente, hay muchísimo más.

Los niños de azul, las niñas de rosa (¿o era al revés?)

Aunque actualmente el color rosa se asocia con todo lo catalogado como «femenino», no siempre ha sido así. Y Barbie no lo inventó, pero sí se apropió de la moda del momento.

El primer dato que destacar de este capítulo es que la elección del rosa para las niñas y el azul para los niños es lo que se llama una «construcción social». Es decir, no hay nada en la naturaleza o en la sociedad que lo justifique. Es solo un invento que se ha vuelto costumbre. Podría haber sido perfectamente al revés. Y, de hecho, así fue, como veremos.

Partiendo de este dato, hagamos un breve análisis de la historia para saber cómo hemos llegado hasta aquí.

En el libro *Pink and Blue: Telling the Boys from the Girls in America*, la profesora emérita de la Universidad de Maryland, Jo B. Paoletti explica cómo los padres y las madres del siglo XIX preferían vestir a sus hijos de blanco para no enfatizar su género.

Hace 100 años, más progres que ahora

«Pocos padres en 1880 se sentirían cómodos vistiendo a su hijo de un año para expresar su masculinidad o eligiendo ropa para acentuar la feminidad de su hija pequeña... La vestimenta sexista se consideraba inapropiada para los niños pequeños, cuya inocencia asexuada se citaba a menudo como uno de sus mayores encantos», apunta la profesora.

El mundo al revés

Durante el siglo XVIII se pusieron de moda los tonos pastel, perfectos para la ropa de bebé. El rojo, en tono pastel, es rosa. Y en aquella época, se usaba para vestir a los niños, ya que era considerado un color que transmitía decisión y fortaleza, lo que lo hacía más adecuado para el género masculino. Por otro parte, el azul era considerado ideal para niñas, ya que era un color más delicado y refinado.

No fue hasta la Primera Guerra Mundial cuando esto cambió, puesto que era mucho más barato teñir los uniformes de los soldados en colores oscuros, como el azul.

Tradicionalmente, el rojo se asociaba a la sangre, al poder, y era un símbolo de fuerza

Por contra, el azul se relacionaba con el cielo, que desprendía suavidad y delicadeza

(Baste un ejemplo de lo anterior: los romanos dieron a Marte el nombre de su dios de la guerra debido precisamente al color rojo de la superficie)

Sin embargo, a partir del siglo XX hubo un período de, digamos, confusión, en el que unos seguían prefiriendo esos colores para cada sexo, y otros decidieron invertirlos. Hoy resulta curioso ver como hasta un artículo de la revista *Time*, en 1927, trataba de esta oposición de criterios.

En cualquier caso, todos sabemos qué opiniones acabaron imponiéndose.

Tanto fue así, que «en los años setenta, el rosa estaba tan asociado a la feminidad tradicional que los padres feministas se negaban a vestir a sus hijas con ese color», explica la profesora Jo Paoletti.

Este rechazo al rosa fue tan fuerte que grandes almacenes de Estados Unidos como Sears no tuvieron ropa rosa para niños pequeños durante dos años seguidos, lo que supuso el apogeo de la vestimenta unisex.

A mediados de los ochenta, la división de género entre el rosa y el azul empezó a cobrar fuerza. Las pruebas de embarazo que indicaban el sexo de los bebés fueron la herramienta perfecta para que las grandes empresas pudieran lanzar estrategias de *marketing* enfocadas a «preparar» la llegada de los recién nacidos.

¿Que si sigue esta tendencia hasta hoy? Solo hace falta hacer *scroll* por TikTok diez minutos, y seguro que alguno de los vídeos que te aparece es el de la revelación del sexo de un bebé en una *baby shower*. O ver los colores que visten invariablemente las princesas de Disney. O mirar las portadas de los libros y las revistas para niñas. O...

Ruth Handler: la mamá de Barbie

La culpa de todo la tiene ella. De Barbie. De crear un icono para las niñas. De que todos la amen o la odien. De la película, y de que también la amen o la odien. Y también de este libro (¡aunque esperamos que a este libro no lo odie nadie!). Sin Ruth, sin duda no existiría este ejemplar que estás leyendo.

Así que aquí va un breve repaso por la vida de esta envidiable emprendedora.

Qué fue lo que la llevó a crear la icónica muñeca

«Durante años observé a mi hija jugando a las muñecas de papel con sus amigas, y quedé fascinada con la manera en que se proyectaban a sí mismas», contó la propia Ruth en una entrevista en 1997 para la BBC.

Antes de 1959, los muñecos de plástico que tenían las niñas eran bebés, y ellas jugaban a ser madres. Ruth se dio cuenta de que su hija creaba sus propias muñecas adultas en papel y se divertía haciéndoles ropa e imaginando cómo era su vida.

Pero no fue hasta que hizo un viaje familiar a Suiza en el que se dio cuenta, en un mercado, de que su hija le pedía una muñeca con forma de mujer adulta, Lilli, para jugar con ella.

Además, su hija no podía decidirse entre que Lilli quería porque, de entre todas las que había, le gustaba un modelo de muñeca, pero el atuendo de esquí que llevaba otra. Pero no podían intercambiar a las muñecas de ropa porque era una u otra.

Barbara inspira a Barbie

Y esa fue la semilla que terminaría siendo el mayor éxito de Mattel y la muñeca más vendida de la historia: Barbie.

Así de simple: una madre que creó un juguete con el que su hija pudiera soñar cualquier cosa que quisiera ser. La llamó igual que a la niña: Barbara, cariñosamente *Barbie*.

Aunque, antes de Barbie, Ruth Handler ya tenía recorrido como mujer emprendedora.

Ruth, una *entrepreneuse* de la época

Hija de inmigrantes polacos, Ruth trabajó como taquígrafa durante la guerra.

Se casó con su amor de la adolescencia, Elliot, un ingeniero industrial que se dedicaba a hacer muebles. Años más tarde, lanzaron su propio negocio en Los Ángeles.

En 1945 fundaron junto a su amigo, Harold *Matt* Matson, una empresa utilizando el material estrella de la época: el plástico. El nombre de la compañía unía los nombres de Matt y Elliot (cómo no, el nombre de la mujer relegado a un segundo lugar), y de ahí surgió Mattel Creations. A pesar de no constar el nombre de Ruth en la empresa, era ella quien la presidía.

Matt + Elliot = Mattel

Años más tarde, Harold Matson, *Matt*, vendió su parte del negocio a Ruth y a Elliot por problemas de salud, con lo que el matrimonio quedó como único dueño de la compañía.

Antes de idear *Barbie*, los dos decidieron ampliar sus creaciones, y pasaron de fabricar muebles de casas de muñecas a lanzar su primer juguete, llamado *Uke-A-Doodle*, un pequeño ukelele de plástico que resultó ser un éxito.

El ukelele que creó la mayor juguetera del mundo

La gran acogida les llevó a tomar la decisión de dedicarse de lleno a la fabricación de juguetes. No obstante, no todo fue un camino de rosas.

Mattel seguía creciendo y, en 1963, la empresa salió a la bolsa. Cinco años más tarde, en 1968, volvió a catapultarse a la cima con el lanzamiento de los coches en miniatura *Hot Wheels*, otro fenómeno que llegó a dar pie hasta a películas y series de dibujos animados.

Estafar a Hacienda, un tópico que ya aburre entre ricos

No obstante, se metieron en problemas con Hacienda. En 1973 se descubrió que los ejecutivos de Mattel habían estado cometiendo fraude contable, falsificando informes financieros. Al año siguiente, Ruth y Elliot fueron expulsados de su propia empresa.

Ruth y Elliot, despedidos de su propia empresa

Tal y como relata la BBC, Ruth, que tuvo que renunciar como presidenta de Mattel, también fue condenada a pagar una multa y a realizar servicios comunitarios.

Siete años más tarde, el matrimonio vendió su participación en la empresa.

Un espíritu libre e indomable

Fiel a su espíritu emprendedor, Ruth se lanzó de lleno a un nuevo proyecto más social y que le tocaba muy de cerca.

En la década de los setenta, la creadora de Mattel tuvo

que someterse a una mastectomía a causa de un cáncer de mama que le habían detectado.

Su proyecto personal igual o más emocionante que la creación de Barbie

Pasar por ese proceso le hizo darse cuenta de que existía la necesidad de crear prótesis para mujeres que estaban pasando por lo mismo. Y así fue como la inventora de la muñeca de cuerpo perfecto creó una de las primeras prótesis mamarias, a la que llamó *Nearly Me* (en inglés, «casi yo»).

Como si de una *influencer* actual que crea su propia marca se tratara, Ruth —junto con un grupo de otras siete mujeres más— se dedicó personalmente a promocionar la nueva creación.

Y así, ocho supervivientes a las que nada frenó en su empuje se unieron para recorrer todo Estados Unidos, enseñando a otras mujeres que habían pasado por lo mismo cómo se colocaban las prótesis.

Una de las innovadoras más importantes de la historia moderna

Según *Los Ángeles Times*, hacia el final de su vida Ruth reflexionaba con humor sobre la casualidad de haber sido la inventora de la primera muñeca con forma de mujer adulta y también la creadora de una de las primeras prótesis mamarias. Se reía de sí misma diciendo que había vivido su vida «de seno en seno»: un legado del que sentirse completamente orgullosa.

La empresaria vendió también esta fábrica de implantes en los años noventa y, en esa misma época, ella y su marido Elliot se reconciliaron con los nuevos dueños de Mattel.

Ruth murió a los 85 años, en 2002, a causa de un cáncer de colon.

A día de hoy sigue siendo reconocida como una de las innovadoras más importantes en la historia de Estados Unidos.

Ruth y Barbie: el reencuentro

Un personaje tan importante tenía que estar presente en la película de Barbie. Pero ¿de qué manera quiso la directora incluir a Ruth Handler en su cinta?

En la escena en la que Barbie trata de huir de las oficinas de Mattel, esta acaba escondiéndose en una de las salas del edificio donde se topa con una mujer mayor, menuda, que le ofrece un té en la cocina de su acogedora casa.

Barbie se encuentra con esta anciana, que le brinda

consejo, en el momento en el que más lo necesita. Una mujer que parece conocer a la protagonista mejor que ella misma.

Después, al final de la película, descubriríamos que es su creadora.

Y por supuesto, no olvidemos la referencia al fresco de Miguel Ánguel de la Capilla Sixtina, en el que Dios une su dedo con el de su creación, Adán. En la película se recrea la escena tal cual, aunque esta vez con los dedos de Ruth y Barbie.

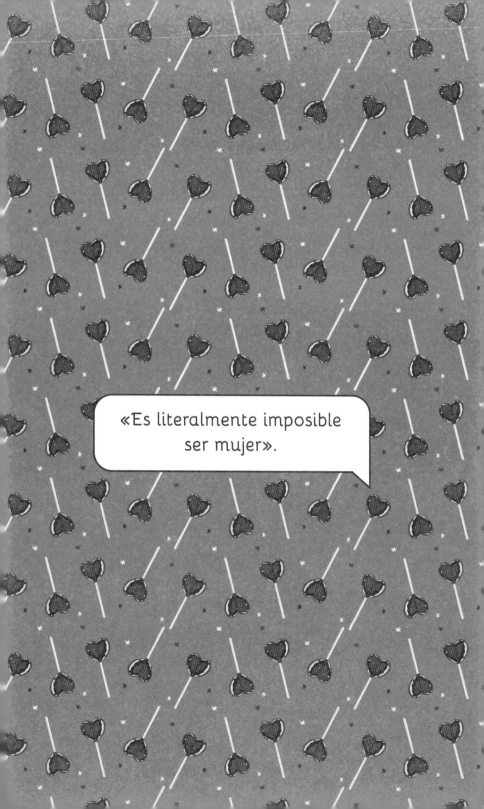

«El mundo real
no es perfecto,
pero tú me inspiras».

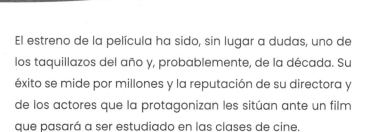

3. Mattel

La empresa detrás del éxito

El estreno de la película ha sido, sin lugar a dudas, uno de los taquillazos del año y, probablemente, de la década. Su éxito se mide por millones y la reputación de su directora y de los actores que la protagonizan les sitúan ante un film que pasará a ser estudiado en las clases de cine.

Pero hablemos también del otro gran beneficiado de este bombazo: Mattel, la juguetera que lanzó la muñeca al mercado en 1959. Hablar de Mattel es hablar de la historia de Barbie, pero la compañía no nació con la intención de vender muñecas, así que hagamos un repaso de los orígenes que después situaría a esta empresa como la número uno en ventas de juguetes hasta día de hoy.

Antes de Barbie, Mattel vendía muebles

Tal y como se ha mencionado en el capítulo anterior, el matrimonio de Elliot y Ruth Handler se dedicó durante años a la venta y fabricación de muebles. Elliot, ingeniero de profesión, pasó de querer hacer sus propios muebles para casa a venderlos para terceros.

Y fue en 1945 cuando, junto con el amigo de Elliot Harold Matt Matson, fundaron Mattel con la intención de vender no solo muebles, sino también marcos. De hecho, fue más bien al revés.

Con las sobras de materiales para hacer marcos, a Elliot se le ocurrió fabricar muebles. Pero como las piezas sobrantes eran pequeñas, estos muebles también tenían que serlo. Y de ahí es como surgió la idea de hacer muebles en miniatura, perfectos para casas de muñecas. Esa fue la semilla que lo originó todo. Y a partir de ahí,

BOOM

Con los años, el matrimonio Handler acabó siendo el único propietario de la empresa, convirtiéndose así en una empresa familiar y, años después, surgiría la idea que lo cambió todo.

El *Uke-A-Doodle*, un pequeño instrumento para que los más pequeños se introdujeran en el mundo de la música, fue la mecha que lo avivó todo. Tres años más tarde, Mattel lanzó otro de sus juguetes, que a día de hoy sigue en el imaginario de todos.

Se trata de la *Magic 8 Ball*, una bola de billar negra sobredimensionada con el número 8 y con el «superpoder» de responder a cualquier pregunta que se le hiciera. Como si de una vidente se tratara, esta bola resolvía los dilemas de quienes le preguntaban.

La bola de billar negra que todo el mundo recuerda por *Toy Story* también es uno de los juguetes estrella de Mattel

En los años siguientes, Mattel no dejó de crecer y llegó a anunciarse en *El club de Mickey Mouse*, curiosamente, el programa infantil en el que Ryan Gosling —el actor que da vida a Ken en la película— empezó su camino como joven artista de Hollywood.

El *boom* de Mattel

Indudablemente, Mattel es la compañía que todos conocemos hoy por Barbie. Y es que tan solo un año después de lanzarla al mercado en la Feria de Juguetes de Nueva York, la empresa salió a bolsa.

Desde que la crearon en 1959, Mattel presume de haber vendido más de mil millones de unidades de Barbie en 150 países. ¿Qué dicen los estudios sobre eso? Que se vende una Barbie cada tres segundos.

En 2021, la compañía obtuvo su récord de ganancias netas: 903 millones de dólares. Y es que la clave de Barbie siempre ha sido su constante evolución y la rapidez de la compañía por saberse adaptar a cada época.

Sin duda, un ejemplo de superar constantes crisis

Barbie es la muñeca más famosa del mundo gracias a haberse sabido anteponer ante todo lo que pudiese considerarse una amenaza.

La aparición de otras muñecas similares, pero más modernas —como fue el caso de las Bratz y las Monster High— es solo un ejemplo.

También el cómo ha combatido el estar siempre bajo la lupa por poner a disposición de las más pequeñas una muñeca que proyectaba una imagen que perpetuaba los estereotipos —guapa, delgada y rubia—.

«Para Mattel, siempre ha sido importante que Barbie evolucione junto con la sociedad, reflejando los cambios y representando la realidad de cada época. Barbie es mucho más que una simple muñeca; representa una idea que trasciende el juego», explicaba Céline

Ricaud, responsable de *Marketing* de Mattel en España y Portugal en una entrevista al *HuffPost*.

En 2014, la empresa atravesó una crisis de las que consiguió salir gracias a la incorporación de nuevas Barbies que suponían un gran cambio en Mattel. Añadieron muñecas de fisonomías diferentes y nueve tonos de piel; dos versiones inspiradas en Rosa Parks —símbolo del movimiento por los derechos de los afroamericanos en Estados Unidos—; una en Jane Goodall —la ultraconocida experta sobre chimpancés—; y también las ya mencionadas Barbies con prótesis y sillas de rueda (con rampas de acceso a las Barbies Dreamhouse incluidas).

La película de Greta Gerwig, su última jugada maestra

Richard Dickson, presidente y director de Operaciones de Mattel, afirmó a la revista *Forbes* que «Barbie está en el comienzo de otro capítulo más para la evolución de la marca, que ahora se reconoce como una idea. Ha trascendido de una muñeca a una franquicia. Nuestra capacidad para extender y comercializar la marca es mucho mayor que cualquier producto en sí mismo». Los millones de dólares tras su estreno lo confirman.

Mattel hoy

En la actualidad, la empresa es la juguetera número uno de Estados Unidos. De hecho, lo lleva siendo desde hace casi 30 años.

A pesar de ser dueña también de marcas tan populares como *Hot Wheels* y *Fisher-Price*, y también de las licencias de *Toy Story* y *Parque Jurásico* —imaginemos la suma de millones de dólares de la que estamos hablando—, Barbie es la marca líder.

En 2022, la muñeca fue el segundo juguete más vendido del mundo en todas las categorías, solo por detrás de Pokémon, representando un 27,4 % de los ingresos totales de Mattel.

Sin duda, una compañía líder que ha pasado por altibajos, pero que ha puesto al mando a personas que la han posicionado donde está ahora. Hablemos también de eso.

Quién es Ynon Kreiz, actual CEO de Mattel e impulsor de la película *Barbie*

Si bien la película es una de las más taquilleras por las polémicas que ha ido despertando en los espectadores, el film también destaca por la autocrítica que se ha hecho de la compañía que, literal, ha pagado por hacer la cinta: Mattel.

Y es que la compañía no ha tenido problema —más bien lo contrario— en airear sus puntos flacos y darle así un giro y un lavado de cara a los posibles errores cometidos durante su trayectoria como empresa.

La película no se ha cortado en airear desde los problemas de fraude de Mattel, hasta la representación de su cúpula directiva liderada por hombres

Uno de los motivos principales por los que *Barbie* se considera una sátira es por la representación de los jefes de Mattel y la interpretación de sus personajes.

Y es que los jefes de la compañía son, mayoritariamente eso: jefes, hombres. Muchos han criticado el hecho de que sean ellos quienes hayan decidido todos estos años cómo debían ser las muñecas con las que jugaban las niñas.

Otros critican la interpretación que se ha hecho de estos en el film. Resumiéndolo rápido, se podría decir que lo que vemos en la gran pantalla es a un conjunto de hombres estúpidos, vestidos con trajes negros de arriba abajo y tomando decisiones sobre cómo deberían ser las muñecas con las que juegan las niñas. Ilógico, ¿verdad? Pues como diría Ricky Gervais si Barbie hubiera estado nominada en los Golden Globes en los que él era el presentador de la gala, «*it's funny cause it's true*».

Este contraste entre el rosa de Barbieland y los trajes negros de quienes deciden cómo será ese mundo, es lo que aviva todavía más el sarcasmo sobre el capitalismo por el que se rige la empresa. Y para qué engañarnos, es, lo que viene a ser, la pura realidad.

Pero ¿quién está detrás de este permiso que se le ha dado a Greta Gerwig para que hiciera, literalmente, lo que le apeteciera?

Si el *boom* de Barbie es el que es hoy en día, es gracias a Ynon Kreiz, el actual CEO de Mattel.

Este israelí que poco tenía que ver con el mundo de las jugueteras —pero sí con el mundo del entretenimiento— fue nombrado CEO de Mattel en abril de 2018.

Con un MBA en UCLA, su experiencia en Fox Kids Europa y la compañía creadora de contenido Endemol en Países Bajos —compañía a cargo de éxitos como *Gran Hermano*, *¡Allá tú!* y *Wipeout*—, fue lo que le situaron en lo alto de la pirámide para tomar decisiones y revitalizar a la compañía.

Antes de llegar a Mattel, Kreiz trabajó en Maker Studios, una compañía experta en producir vídeos cortos para YouTube, con un catálogo de más de 55.000 creadores de contenido. Allí fue consejero delegado y negoció la venta de la empresa a Disney en el año 2014.

Kreiz, el cuarto CEO de Mattel en cuatro años

En 2018, cuando la empresa se enfrentaba a una de sus mayores crisis y descenso de ventas, se decidió nombrarlo a él para dar un nuevo enfoque a Mattel. Después de ser el cuarto CEO de la compañía en cuatro años, él fue quien tomó la decisión de reinventar Barbie, llevarla a la gran pantalla y convertirla en una mujer «real».

Ynon Kreiz comentaba en una entrevista para *Time* que «tener múltiples puntos de contacto e involucrar a los consumidores a través de diferentes formas de medios aumenta la conexión emocional que los fans tienen con nuestro producto. Lo vemos como una oportunidad para hacer crecer nuestro negocio y expandirnos más allá de los pasillos de los juguetes, y no como una estrategia de *marketing*. No decimos: 'Hagamos películas y series para poder vender más juguetes', sino: 'Creemos un gran contenido que la gente quiera ver'. Sabemos, por supuesto, que con el éxito también venderemos más juguetes. Pero el objetivo es desarrollar y hacer crecer verticales comerciales que sean exitosas en sí mismas».

De la mano de Warner Bros, llegaron al acuerdo de que Greta Gerwig sería la directora, dándole una gran licencia creativa para contar la historia de la muñeca desde su punto de vista y con total libertad para representar a los mandamases de Mattel.

«Disfrutamos con la autocrítica y estamos encantados de participar en el juego», declaró Kreiz a Bloomberg.

El simple hecho de escoger a Greta Gerwig por parte del estudio y de la propia compañía que creó a Barbie ya sugirió una clara intención de darle un giro de 360° a la muñeca más famosa del mundo. Sus películas anteriores así lo confirmaban.

Otro de los puntos que hay que destacar también es el reparto del film, incluyendo a iconos LGTBIQ+ como Kate McKinnon y a la actriz trans Hari Nef. Y a pesar de que, como compañía —y rigiéndose siempre por alcanzar las máximas ventas posibles— Mattel jamás se posicionará públicamente con una ideología política, este tipo de decisiones sí reafirman una mirada progresista.

«Esta película representa un ejemplo de cómo Mattel se está transformando en una empresa verdaderamente impulsada por su propiedad intelectual. La compañía se enfoca en sus franquicias y es capaz de proporcionar a niños y adultos numerosas formas de interactuar con sus marcas favoritas a lo largo del día, ya sea a través del cine, series, experiencias, eventos o productos de consumo», explicaba a *MarketingNews* André Moreira, responsable de Productos de Consumo para Mattel Iberia.

«No está muerta,
sólo tiene una crisis
existencial».

«Barbieland es donde
todos los problemas
de feminismo e igualdad
se resuelven».

4. La película

Descubre todos los detalles que podrías haber pasado por alto

Como bien ha confirmado su directora en múltiples entrevistas, *Barbie, la película* es una cinta llena de homenajes, tanto a escenas clásicas de otras pelis como a elementos de la verdadera historia de la muñeca en nuestro mundo real, y a muchos otros referentes de la cultura popular norteamericana, sobre todo de finales de los años cincuenta del siglo XX, que es cuando nació la muñeca y, a la vez, la estética de color pastel brillante como el rosa que tanto caracteriza al film.

Así que adentrémonos de lleno en esas referencias. ¿Cuántas crees que conocerás?

Intro: Homenaje a *2001: Una odisea del espacio*, de Stanley Kubrick

La primera escena —que es la que se muestra en el tráiler de la película— hace referencia a los orígenes de Barbie.

En medio de un desierto vemos a unas niñas jugando muy aburridas, mientras una voz en *off* anuncia que «al principio, solo había muñecas de bebés». De repente algo sucede: una figura gigante de piernas kilométricas, melena rubia y piel bronceada se muestra ante ellas como señal del fin de su amargura. Se trata de Barbie.

Acto seguido, las mismas niñas parecen entrar en un delirio colectivo y vemos cómo empiezan a romper los bebés con los que estaban jugando. Y todo esto, a cámara lenta.

¿Te suena de algo? Seguro que sí, porque casi cada plano de esta escena de *Barbie, la película* es calcado al famoso principio del film *2001: Una odisea del espacio*, de Stanley Kubrick, uno de los grandes clásicos de la historia del cine.

En *2001*, la escena representa la prehistoria, el momento en que la aparición de la inteligencia convierte a un grupo de monos en los primeros hombres. En *Barbie* representa otra «prehistoria»: el momento en que aparece la muñeca para cambiar el mundo de las niñas, que hasta entonces solo podían jugar a ser madres, en algo mucho más divertido y emocionante.

«¡Dicen que la imitación es la forma más sincera de elogio!», tuitearon desde la cuenta oficial de Stanley Kubrick, felicitando el homenaje.

Primera aparición de Margot Robbie como Barbie

En esta escena, la actriz Margot Robbie aparece con el icónico bañador de Barbie de rayas negro y blanco, con las uñas pintadas de rojo y una coleta de caballo alta y rizada.

Es el primer guiño (literal, ya que Margot guiña un ojo al espectador) a la historia de la muñeca real, que salió al mercado en 1959 justo con este mismo modelo. ¡Bravo por la intro de la película!

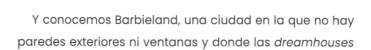

I'm a Barbie girl
in the Barbie world

Y conocemos Barbieland, una ciudad en la que no hay paredes exteriores ni ventanas y donde las *dreamhouses* («casas de ensueño») de Barbie están totalmente inspiradas en las casas de muñecas reales de Mattel.

Conoce cada detalle de la ciudad de ¿tus sueños?

Barbieland es la ciudad ficticia en la que viven todas las Barbies y todos los Ken. Una ciudad perfecta en la que cada día es igual de idílico que el anterior, el tiempo pasa sin que nada cambie, y en la que nadie, por supuesto, envejece (¡ventajas de ser de plástico!).

El diseño de producción de la película, a cargo de Sarah Greenwood y la decoradora Katie Spencer, es una verdadera obra de arte. Porque, si bien era imposible que las casas de las Barbies fueran exactamente iguales en cada detalle a las que vende Mattel desde hace sesenta años, nunca nadie las había representado con tanta fidelidad.

Nunca has visto nada más parecido a la casa de Barbie

De hecho, los responsables de la peli estudiaron los mismos edificios en los que se habían basado los creadores de la «verdadera» casa de Barbie: la icónica arquitectura californiana del Palm Springs de la época.

En una entrevista que concedieron a *Architectural Digest*, los decoradores confesaron haberse fijado especialmente en la Casa Kaufmann de Richard Neutra, de 1946. Como dato curioso, en ese mismo edificio se había rodado un año antes *No te preocupes, querida*, un film en el que la casa en que viven sus personajes es casi tan importante como ellos mismos.

Proporciones especiales

La directora de *Barbie*, Greta Gerwig, comentó que habían construido los decorados un 23 % más pequeños de su proporción real. Este es un truco muy usado en el cine y que hace que los actores parezcan más altos y grandes. ¡Pero es que, además, las verdaderas casas de las muñecas Barbie también son más pequeñas de lo que deberían ser en proporción a las muñecas! (En este caso, porque de ser más grandes serían demasiado incómodas de transportar y exhibir en las jugueterías).

El tamaño sí tuvo importancia

Lo mismo pasa con el descapotable de Barbie. Lo hicieron a propósito más pequeño de lo que hubiera sido el tamaño real, para transmitir mejor la sensación de coche de juguete.

Barbie Dreamhouse: así se construyó la casa de la protagonista que también se inspiró en otras películas icónicas

En la primera escena en la que vemos Barbieland, la protagonista se encuentra en la ultraconocida «casa de ensueño» de Barbie (en inglés, *Barbie's Dreamhouse*). Y a esta no le falta detalle.

Las primeras casas de Barbie eran de una sola planta, pero con los años fueron evolucionando a dos y hasta incluso tres plantas (¡como en la vida real, las Barbies iban teniendo casas más grandes cuanto más triunfaban!). Las paredes también fueron desapareciendo para que jugar con las muñecas resultara más cómodo.

Como si volaran

Asimismo, las dueñas de las Barbies mueven a sus muñecas por la casa de forma que casi parece que vuelen de planta en planta. La directora Greta Gerwig hace un guiño a eso en la película, cuando vemos a Barbie «volar» desde su última planta hasta caer en el descapotable aparcado fuera.

Por supuesto, la propia Mattel ha ido cambiando detalles de la casa desde que la sacó a la venta, y no solo en la cantidad de pisos. Para la película se eligió mezclar detalles de diferentes épocas. Aunque el diseño general es el que se comercializaba en los años 2000 (en varios tonos de color rosa, claro), si nos fijamos en cuando Barbie se despierta en su cama gigante en forma de concha, en la última planta de su piso, veremos que los elementos de la habitación, como el cabecero y las lámparas, muestran una mezcla de los accesorios que Mattel vendía en las décadas de los sesenta, los setenta y los ochenta.

También resulta divertido ver otras referencias sutiles al mundo de las casas de muñecas: por ejemplo, no hay espejo en el marco del tocador, el cepillo de pelo resulta enorme... y hasta vemos a Barbie duchándose tan contenta bajo un grifo del que, naturalmente, no sale agua.

Un guiño a la *teen movie* de los noventa, *Clueless (Fuera de onda)*

El envidiable armario de la protagonista hace referencia a la comedia de los noventa *Clueless (Fuera de onda)*, todo un icono para los adolescentes de la época, y cuyas estilosísimas protagonistas también emulaban, aunque sin decirlo, la elegancia siempre *cool* e impoluta del estilo Barbie.

En una entrevista que Margot Robbie concedió a *Architectural Digest* durante la promo de la peli, la actriz confesó que querían algo tan guay como lo que aparecía en *Clue-*

less: un ordenador en el que podías escoger virtualmente qué modelito ibas a ponerte.

Mezclaron vinilos y elementos reales, igual que las casas de Barbie de verdad

En un recorrido de *AD* por el plató de *Barbie* Dreamhouse, Margot Robbie señala cómo las casas presentan una mezcla de objetos reales en 3D y calcomanías en 2D, al igual que las casas de ensueño reales. Uno de los detalles donde más se aprecia es en el frigorífico de Barbie, en el que los alimentos y bebidas están presentes en forma de vinilo por un lado, y en versiones de juguete sólidos en la otra.

Una casa con tobogán y una piscina sin agua, «a dream come true»

Otro de los elementos icónicos de la *Barbie* Dreamhouse es el tobogán en espiral que va de la casa al exterior. Al deslizarse por él, Barbie acaba en su piscina... que contiene la misma cantidad de agua que la ducha: ninguna. ¡La imaginación al poder!

Para Barbie nunca hay bastante rosa en el mundo

Todos los decorados de la película necesitaban, evidentemente, mucha muchísima pintura rosa. Gerwig confesó que incluso lo que estaba planteado para ser blanco acabó pintándose de un rosa muy clarito.

¡De hecho, tanto rosa necesitaron que agotaron las existencias de la empresa que fabricaba la pintura! Aunque hay que reconocer que esta frase tiene truco: debido al COVID-19, en 2022 su producción ya era más baja de lo habitual, y a eso se le sumaron los daños producidos a los materiales por una gran helada.

Aun así, lo cierto es que en la peli «utilizaron toda la pintura que teníamos», explicó la vicepresidenta de *marketing* de la empresa.

El mago de Oz, la referencia eterna

Pocas películas han sido tan influyentes e inspiradoras como *El mago de Oz*, de 1939, que ha dado pie a cientos de homenajes en películas de los géneros y estilos más diversos, por parte de directores tan diferentes como Spielberg, Hitchcock o David Lynch.

Barbie, la película, por supuesto, no iba a ser una excepción.

De hecho, en una de las escenas en las que vemos a Barbie pasear por la ciudad en su descapotable, en un cine se anuncia la proyección de... *El mago de Oz*.

Como es más que sabido, esta trata de una chica llamada Dorothy, que emprende un viaje a otro mundo en busca de respuestas, donde irá haciendo amigos por el camino. Obviamente, y aunque sean historias muy diferentes, los puntos de contacto son clarísimos.

Para empezar, el icónico vestido de cuadros vichí de Barbie en rosa y blanco recuerda mucho al que lleva Dorothy en azul y blanco.

Pero hay otro homenaje mucho más directo. Antes de llegar al mundo real, Barbie se despide de todas las Barbies y Kens, decidida a dejar Barbieland en su descapotable rosa. En esta escena —después se verá cómo Ken se ha colado en la parte trasera del coche en su fiel decisión a acompañarla en esta búsqueda—, Barbie pone rumbo a su destino conduciendo por una carretera de ladrillos rosa pastel.

Uno de los elementos mas icónicos del mundo de Oz es que Dorothy, para llegar al castillo del mago del título, ha de seguir un camino de ladrillos de color amarillo.

De hecho, la propia frase «camino de ladrillos amarillos» es desde hace mucho tiempo común en inglés, como en la canción *Goodbye Yellow Brick Road* de Elton John.

Pequeño intermedio mientras la peli cambia de rollo...

Tras una introducción que nos mete de lleno en el mundo idílico de Barbie, de sus decorados y de su vida perfecta, llega el detonante que dará rumbo al resto de la película.

Y es que Barbie empieza a notar que ella está dejando de ser tan perfecta. De un día para otro, se levanta reflexionando sobre la muerte —¡y hablamos de una muñeca que no crece ni envejece!—, de pies planos que no toleran tacones imposibles y de la aparición de la celulitis.

Como solución a sus problemas, Barbie decide acudir a una Barbie marginada que no vive con el resto de Barbies perfectas: Barbie Rara.

Este divertido personaje hace alusión a todas esas muñecas Barbies que han sufrido pintadas y todo tipo de cortes de pelo por parte de las niñas que jugaban con ellas. Porque ¿qué niña no ha hecho eso durante su infancia?

Esta Barbie Rara, desterrada prácticamente de Barbieland, es la muñeca a la que acuden cuando algo se sale de la norma.

Interpretada por el icono lésbico, Kate McKinnon, Barbie Rara guiará a Barbie en su misión de acudir al mundo real para tratar de encontrar a la niña que está jugando con ella y que está causando todos esos desbarajustes que la protagonista está sufriendo. Y en esta escena sobre seguir su camino, Barbie tendrá que tomar una decisión, en la que encontraremos otra de las grandes referencias de la película.

¿Pastilla azul? ¿Pastilla roja? ¡Pastilla rosa!

¡Sí, lo has adivinado! El siguiente gran homenaje es a *Matrix*. ¿Quién no tiene presente la mítica escena de la pastilla roja y la pastilla azul?

Muchos consideran que este es el mayor símbolo que ha dado el cine sobre elecciones vitales, de las que una vez tomadas ya no puede haber marcha atrás.

Con Barbie Rara haciendo como el Morfeo de *Matrix*, a Barbie se le plantea la posibilidad de elegir sus tacones habituales y olvidarse de todo lo que ha pasado hasta el momento o, por contra, decantarse por unas sandalias planas Birkenstock y salir al mundo real a averiguar la verdad.

En un primer momento, Barbie se decide por los tacones. Pero, como bien apunta Barbie Rara, de haber elegido eso no habría película.

Por cierto, que, desde su aparición en *Barbie*, las Birkenstock han multiplicado sus ventas, y han pasado de ser un calzado ortopédico más a estar en los pies de las mayores *celebrities*.

Reflexiones (bastante) ortopédicas

Incluso hay «estudiosos» que —quizá con mucho tiempo libre y ganas de buscarle menos pies al gato de los que en realidad tiene— interpretan una simbología más profunda en la elección de las Birkenstock.

Para ellos, no es suficiente interpretar que estas sandalias representan el calzado común y corriente respecto a los estilosos pero incómodos zapatos de tacones habituales en Barbie.

A su criterio, también hay un gran mensaje en el hecho de que las Birkenstock son unisex (como podrían serlo unos zuecos o la mayoría de las zapatillas deportivas). Y, en un momento en el que los límites de la ropa para hombres y mujeres están completamente desdibujados, esta elección de calzado para una escena tan primordial de la película, también refleja una declaración de intenciones por parte de Greta Gerwig.

¡Y eso nos demuestra que en este mundo hay más teorías que modelos de zapatos!

Cowgirl de medianoche

En el intento de encontrarse a sí mismos, Barbie y Ken viajan al mundo real para tratar de conseguir respuestas. Y lo que se encuentran allí poco tiene que ver con Barbieland.

Enfundados en un atuendo de mallas fluorescentes y sobre unos patines, todo muy *ochentero*, Barbie y Ken llegan a Venice Beach para darse de bruces con la realidad. Todo el mundo los mira. Todo el mundo se burla de ellos. Barbie por primera vez se siente observada y oprimida por la mirada que percibe de los hombres. Y Ken, bueno... es solo Ken: no entiende nada.

Con el fin de mostrar esa sensación de sentirse como peces fuera del agua, la directora se inspiró en el momento más conocido de la joya del cine *Cowboy de medianoche* (1969), cuando Jon Voight, disfrazado de *cowboy*, y un Dustin Hoffman maravillosamente *cutre* llegan por vez primera a la ciudad de Nueva York deseosos de «comerse el mundo» y quedan inmediatamente aturdidos por la masa de gente que los rodea, los ignora o directamente los desprecia. Una de las mejores representaciones jamás creadas de la frase «No somos nada».

Barbie contra Bratz. ¡Como en el mundo real!

Durante su estancia en el mundo real, Barbie encuentra a Sasha, interpretada por Ariana Greenblatt. El chasco es inmediato: la adolescente no solo no quiere a Barbie, sino que más bien la rechaza con asco.

Y es que, en esta poderosa escena, la acusa de imponer la idea de un cuerpo y belleza imposibles, y de crear unas aspiraciones inalcanzables. Para rematarla y terminar con un discurso de lo más punzante, acaba llamando a la muñeca *fascista*, lo que acaba provocando que Barbie experimente algo realmente humano: llorar (aun sin tener ni idea de qué es el fascismo).

Uno de los mejores guiños de la película es que la adolescente Sasha comparte nombre con una de las Bratz originales, las muñecas que llegaron a ser la máxima competencia de Barbie en los 2000, y que se vendían precisamente como una alternativa más «realista» para las niñas.

Además, en este encuentro, que se da en el instituto David Crockett Junior High School, Sasha no está sola, sino que la acompañan sus amigas, que no podrían parecerse más a Cloe, Jade y Yasmin, las otras Bratz originales.

Hay que felicitar de nuevo a la directora, que homenajea irónicamente el supuesto enfrentamiento de lo que, en realidad, no son más que dos productos diferentes de *marketing*.

La vida en rosa... sin rosa

A partir de aquí, y ya dejando a un lado el mundo rosa de Barbieland, Barbie y Ken empezarán a entender que están en un mundo espejo. Un mundo al revés que poco tiene que ver con el único que ellos han conocido nunca.

Un mundo en el que Barbie descubre que su dueña no era la adolescente Sasha, sino Gloria, su madre, una mujer frustrada por las altas expectativas de Barbie y necesitada de crear una muñeca más acorde con su realidad.

Un homenaje muy bien encontrado

«Soy un hombre sin poder,
¿eso me convierte en mujer?».

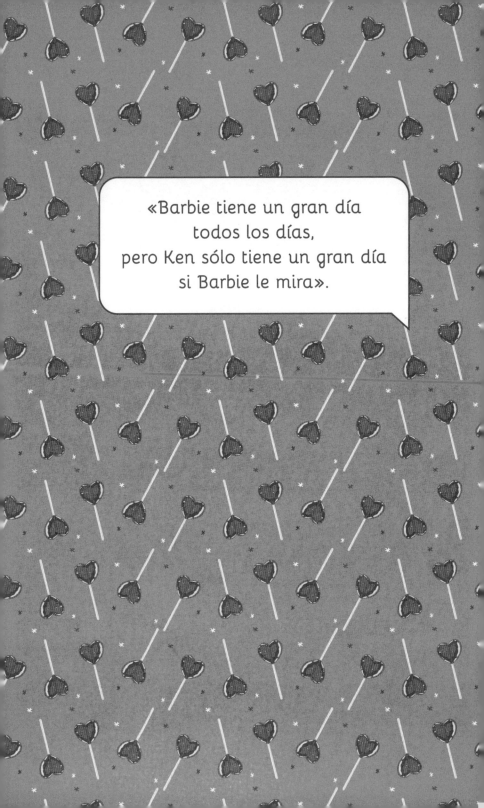

«Barbie tiene un gran día
todos los días,
pero Ken sólo tiene un gran día
si Barbie le mira».

5. Ken

My job is beach

Si hay un tema que *Barbie, la película* ha puesto sobre la mesa es el de encontrarse a uno mismo. Y si bien la historia principal nos habla de la huida de ella de Barbieland para adentrarse en el mundo real y descubrir por qué su mundo ideal se está resquebrajando, el que también hace un viaje de introspección para conocerse a sí mismo es Ken. Y menudo viaje.

Irónicamente, muchos dicen que *Barbie, la película* trata mucho más sobre Ken que sobre la propia Barbie. Pero ¿es eso cierto?

Hagamos un repaso sobre los orígenes del juguete y pongamos un poco de contexto.

Así nace Ken, un juguete incomprendido que nunca acabó de encajar en ningún sitio

El 11 de marzo de 1961, las jugueterías donde hasta entonces se podían encontrar varias versiones de Barbie empezaron a ofrecer un miembro nuevo y muy diferente de la familia: Ken.

Al igual que la creadora de Barbie, Ruth Handler, le había puesto el nombre a la mítica muñeca de su hija pequeña, Barbara Carson, pasó lo mismo con Ken y le puso el de su hijo. Y es que entre el lanzamiento de la muñeca en 1959 y 1961, el imperio de Barbie no dejó de crecer y crecer, pero Handler se dio cuenta de que a Barbie le faltaba tal vez un último complemento: un novio.

A Barbie le faltaba el complemento definitivo: un novio

Ken, el nuevo juguete, podía adquirirse en dos versiones, iguales excepto por el pelo, rubio o moreno. Las dos, eso sí, presentaban al muñeco con un bañador realmente corto para su época.

Según Mattel, y como estrategia de *marketing* para vender el nuevo juguete, la pareja de plástico se conoció durante la filmación del primer anuncio publicitario de Barbie, ese mismo año. Como era habitual por entonces, el *spot* era en blanco y negro, y en él se podía ver a Barbie asistiendo a un baile con un elegante vestido y su distintiva cola de caballo alta. El que acabaría siendo su pareja la contemplaba desde la distancia, ataviado, claro, con un elegante esmoquin.

Durante años, Ken fue prácticamente el único muñeco masculino con el que se podía jugar en Occidente

En la biografía oficial de Ken, Mattel lo presentaba como un chico de Wisconsin aficionado a la pesca y al surf que había conquistado a Barbie a la vieja usanza: con flores y pícnics que acabaron llegándole al corazón a la icónica muñeca.

Amor a primera vista (o tal vez no)

El narrador del anuncio mencionaba que Barbie supo desde el primer momento que ella y Ken acabarían juntos. Un flechazo, vamos. Pero, a pesar de la entrañable historia que quiso crear la empresa, Ken no llegó a ser tan importante en la vida de Barbie. En otras palabras, el muñeco no fue un éxito de ventas.

En la película hay una frase que describe a la perfección el personaje de Ken, un personaje destinado a ser el eterno segundón:

«*Barbie tiene un gran día todos los días, pero Ken solo tiene un gran día si Barbie lo mira*».

La evolución de Ken, un muñeco en constante declive

Entre la década de los setenta y los noventa, Ken se fue renovando para adaptarse a las diferentes modas de los tiempos. Debutó con distintas ediciones que pretendían estar a la altura de lo *cool* que era su compañera, pero el éxito de Barbie iba en auge sin necesidad de ir de la mano de su compañero Ken.

En los setenta, Mattel lanzó **Mod Hair Ken**, un modelo de lo más característico de la época, con una enorme mata de pelo oscuro, patillas largas y vestido con una americana de cuadros vichí marrón y blanco.

En 1982, la compañía optó por un **Dream Date Ken**, un Ken con el pelo negro y vestido con una camisa de muselina y una faja rosa claro debajo de una chaqueta de esmoquin. Además, lo más reconocible de este Ken era la rosa que llevaba prendida en su solapa. Sin duda, este fue uno de los modelos que más éxito tuvo entre los más pequeños y que generó más ventas a la compañía.

Los clásicos siempre funcionan, y con Ken también pasó

Sin embargo, en los noventa nació **Totally Hair Ken**, creado con una larga melena (como correspondía a la época) para que sus dueñas y dueños pudieran peinarlo como quisieran. Pero no fue esta innovación lo que más llamó la atención sobre el personaje, sino su atuendo «alocado», con una camiseta demasiado colorida para el público más conservador y un pantalón morado.

En febrero de 1993, Mattel lanzó **Earring Magic Ken**, un muñeco al que se le ha dedicado una sección especial en el capítulo 9 de este libro por haberse convertido en todo un icono para la comunidad LGTBIQ+.

Ken, icono gay... ¿por accidente?

Si los conservadores se habían llevado las manos a la cabeza por la vestimenta de Totally Hair Ken, imaginaos con este. Mattel lo acabó retirando, no sin antes haberse convertido en un éxito de ventas entre la comunidad homosexual.

El 13 de febrero de 2004, un día antes de San Valentín, Mattel anunció la separación de Barbie y Ken.

¿Cómo era posible?
¿Dos juguetes... rompiendo?

Fue una ruptura que nadie vio venir. Pero ante el auge de las Bratz, la máxima competencia de Barbie aquellos años, la portavoz de Mattel, Russell Arons, anunció que Barbie y su juguete Ken habían decidido «pasar un tiempo de calidad, separados»».

La impactante declaración se produjo porque Barbie «no quería pasar por unas vacaciones tan románticas bajo falsos pretextos», dijo Arons a la prensa. Ese mismo día, la compañía también reveló que produciría una línea de Cali Girl Barbies, chicas surfistas que, también dejando de lado a los Ken, eran solteras.

Ken, oficialmente en la *friendzone* tras el éxito de las Bratz

Tras un par de años en que siguieron viéndose pero solo como amigos, en 2006, Mattel anunció el lanzamiento de un nuevo Ken renovado y, según ellos, «mejorado». Un juguete con un aire más despreocupado y, por ende, más sexi. Tanto más, que en junio de 2010, Barbie volvería a caer en sus brazos. Y, como la primera vez, también fue durante un rodaje.

Flechazo en *Toy Story 3*

En esta entrega de los entrañables personajes de Woody y Buzz Lightyear, Barbie y Ken llevaron a cabo uno de esos *retcons* ahora tan de moda: en su nueva continuidad, al principio de la película no se conocían de nada... pero, una vez más, se enamoraron a primera vista, aunque no llegaran a consumar su relación y tuvieron que pasar unos años más en la *friendzone*.

Mattel afirmó que la participación de Ken en el film lo ayudó a centrarse y encontrar su lugar en la cultura pop. Y algo de eso hubo, porque las ventas del juguete recuperaron el ritmo.

Pareja oficial, otra vez

A Mattel le encanta San Valentín, y fue en el año 2011 cuando anunciaron la vuelta de esta mítica pareja. Y lo hicieron a través de una campaña de *marketing* de lo más llamativa.

Justo antes del Día de los Enamorados, empezaron a aparecer vallas publicitarias en Nueva York y Los Ángeles, aparentemente encargadas por Ken, suplicándole a Barbie que volviera a su lado. Las vallas tenían mensajes románticos como «Barbie, puede que seamos de plástico, pero nuestro amor es real».

Sorprendentemente, la campaña fue todo un éxito, y nadie se fijó demasiado en que, según la *nueva continuidad* de los personajes, nunca habían llegado a ser pareja, así que era imposible que hubiesen roto.

Barbie aceptó salir con Ken de nuevo (o por primera vez, según cómo se mire) el día de San Valentín de 2011. De hecho, la pareja compartió la noticia actualizando su estado en Facebook a «en una relación», según informaron medios de la talla de CNN.

En esta popular campaña llamada *Together Again* («Juntos de nuevo»), Mattel incluso implicó a los usuarios de Facebook para que votaran sobre si Barbie y Ken debían reconciliarse.

Un gran ejemplo de cómo usar las redes de la época y crear vínculos con sus posibles compradores.

La inclusividad llegó en 2017

Este fue el año en el que la compañía apostó por la inclusividad y lanzó ediciones de Ken con una variedad de colores de piel, peinados y tipos de cuerpo.

Desde este año, Mattel ha seguido apostando por la diversidad y ha sacado juguetes Ken con vitíligo y algunos que también usan sillas de ruedas.

y entonces llegó *Barbie, la película*.

Ken, un personaje polémico incluso antes del estreno de la película

El largometraje se estrenó en julio de 2023, pero fue un año antes cuando aparecieron las primeras imágenes del rodaje del film, con Margot Robbie y Ryan Gosling en patines por las playas de California, y vestidos de arriba abajo con mallas de colores rosa y amarillo fluorescentes. Como era de esperar, las imágenes corrieron por Internet como la pólvora y se hicieron virales en menos de 24 horas.

¿Una nueva peli de Barbie?

¿Una peli de Barbie dirigida por... Greta Gerwig?

¿Protagonizada por Margot Robbie?

Espera... ¿y también por Ryan Gosling?

¿Cómo?

¿Que él va a interpretar a Ken...?

Era de esperar que, en estos tiempos en que nos tomamos muy en serio las cosas más raras, un film sobre Barbie trajera tanta controversia. Al fin y al cabo, era una película sobre la muñeca más famosa del mundo, un verdadero icono tan beneficioso como perjudicial para incontables niñas.

Pero lo que sí sorprendió fue que una de las mayores polémicas fuese la elección del actor que iba a interpretar a Ken, Ryan Gosling, al que a fin de cuentas muchos consideraban ya «el novio de América» por su atractivo, carisma y simpatía.

Tal fue la reacción en redes sociales que incluso se originó el *hashtag* #NotMyKen, algo así como «este no es mi Ken» para criticar duramente el que un actor de 42 años (¡nueve más que Margot Robbie!) interpretara al novio de Barbie.

¿Demasiado viejo para ser de plástico?

En una entrevista que concedió a la revista *GQ*, Ryan Gosling contestó de forma contundente y brillante a los *haters* que, por entonces, ni sabían la importancia que tendría su Ken en el film de Gerwig.

> *«Es divertido todo este escándalo. ¿Es que acaso habíais pensado antes ni siquiera una vez en Ken?*
>
> *»Si yo no soy vuestro Ken, no juguéis conmigo. Pero no seáis hipócritas, no hagáis ver que Ken os importa, porque la triste verdad es que a nadie le había importado una mierda hasta ahora. Más que un personaje, era un simple accesorio de Barbie. Yo soy el primero que se esfuerza por*

> *hacerle justicia y el primero que se toma la molestia de contar su historia.*
>
> *»A mí ese tío me importa. Soy como su representante. Ken no puede ir a recibir su premio, así que yo estoy para aceptarlo por él».*

El actor afirmó en varias entrevistas que era uno de los papeles más importantes que le habían dado en toda su carrera, insistiendo en que nadie antes se había interesado en la historia del muñeco.

Vista la película, es obvio que Ryan tenía toda la razón. Ya nadie lo olvidará con ese pelo platino. Ni con ese abrigo de piel sintética. Ni cantando con su guitarra. Ni con su obsesión por los caballos.

Patriarcado y parodia: descubrimiento de un mundo al revés

Cuando Barbie y Ken dejan Barbieland para adentrarse en el mundo real, Barbie se queda traumatizada con lo que ve. Por el contrario, a Ken le fascina el patriarcado.

Pero empecemos por ver brevemente qué es este *patriarcado* tan famoso hoy en día.

Derivado de la palabra griega *patriarkhēs*, 'patriarcado' significa literalmente «el gobierno del padre». Se usa para referirse a un sistema social en el que los hombres controlan una parte desproporcionadamente grande del poder social, económico, político y religioso, y la herencia, por lo general, pasa de generación en generación a la línea masculina.

¿Qué papel tienen las mujeres en el patriarcado? Uno secundario.

Además, apuntemos que el patriarcado no hace referencia a ningún hombre o a ningún conjunto de hombres, sino a un tipo de sociedad en la que participan tanto hombres como mujeres.

«Una sociedad es patriarcal en la medida en que promueve el privilegio al ser dominada por los hombres, identificada por los hombres y centrada en los hombres. También se organiza en torno a una obsesión por el control e implica como uno de sus aspectos clave la opresión de las mujeres», según el sociólogo Allan Johnson.

La característica principal de una sociedad patriarcal es aquella en la que los hombres tienen más poder y autoridad, lo que se traduce en privilegio masculino. Es decir, todo lo contrario a lo que vemos al principio de la película en Barbieland, pero todo lo que ve Ken en el mundo real.

De hecho, frases de la película son ejemplo de la perfecta sátira que crea Greta Gerwig en su film.

«Soy un hombre sin poder, ¿eso me convierte en mujer?», se pregunta Ken a sí mismo.

Cegado por el poder, la avaricia y la ambición, Ken regresa a su hogar con una meta clara: llevar el patriarcado a Barbieland.

El inesperado villano de la película

En un abrir y cerrar de ojos, y mientras Barbie intenta escapar de los jefes de Mattel que quieren devolverla a su caja y a su mundo ideal, los Ken han pasado de intentar impresionar a las Barbies las 24 horas del día en la playa y en la pista de baile, a jugar al futbolín y beber cerveza tras cerveza de una mininevera al lado del sofá.

Las Barbies, antes ganadoras de los Premios Nobel e incluso presidentas de Barbieland, ahora prefieren vestir de criadas provocativas al servicio de los Ken, fascinadas por cualquier estupidez que digan.

¿La reacción de Barbie al comprobar lo que ha hecho Ken? La absoluta devastación. Y es así como, sin pretenderlo, simplemente intentando encontrarse a sí mismo en el mundo real, Ken acaba convirtiéndose en el villano de la película, imponiendo algo que ni siquiera comprende bien.

El regreso de Ken a Barbieland y la transformación para que sea «su mundo»

«Sinceramente, cuando descubrí que el patriarcado no iba de caballos perdí el interés», acaba confesando Ken. Pero por el camino nos ha dejado un montón de risas… y, con suerte, a la vez nos ha hecho pensar un poco en nuestro mundo real.

¿Lo mejor de este villano? Los tópicos sobre la masculinidad alfa

¿Qué es lo que ve Ken cuando llega a nuestro mundo real?

- Hombres musculados.
- Hombres conduciendo grandes coches.
- Hombres de negocios que hacen callar a sus secretarias.
- Hombres que presiden el país.
- Hombres que copan los cargos de poder.
- Hombres homenajeados en estatuas.
- Hombres triunfadores en el mundo de los deportes.
- Hombres que bailan sexi.

- Hombres que llevan ropa prieta y les sienta bien.
- Hombres que trabajan en la bolsa.
- Hombres con mucho dinero.
- Hombres que te ganan un pulso.
- Hombres cuya cara sale en los billetes.
- Hombres con neveras llenas de cerveza hasta los topes.
- Hombres con abrigos largos de pelo hasta los pies.
- Hombres con unos abdominales durísimos.
- Hombres con traje y corbata.
- Hombres muy morenos de piel.
- Hombres montados a caballo.
- Montando mucho a caballo.

Sylvester Stallone como representación de la máxima virilidad

Si en este libro ya hemos mencionado que Barbie se convirtió en una de las primeras *influencers* de las niñas del mundo real, Sylvester Stallone se convierte en el *influencer* preferido de Ken.

Sus músculos, su moreno, su don para el deporte, su abrigo de piel y el conjunto de su ¿virilidad? hacen que Ken vea en él su modelo a seguir y trasladar a Barbieland.

De esta manera, Gerwig contrapone al tipo duro que convirtió en símbolos de la masculinidad a personajes como Rocky y Rambo en los años setenta y ochenta, con la figura de Barbie, entendida hasta ahora como la máxima representación de la feminidad.

¿Desempoderar al patriarcado riéndose de él? Barbie dice sí

Es aquí cuando cobra protagonismo Gloria, encarnada por la actriz America Ferrara, que ha viajado hasta Barbieland junto a su hija para ayudar a su amiga Barbie.

«Básicamente, todo lo que los hombres hacen en vuestro mundo, las mujeres lo hacen en el nuestro».

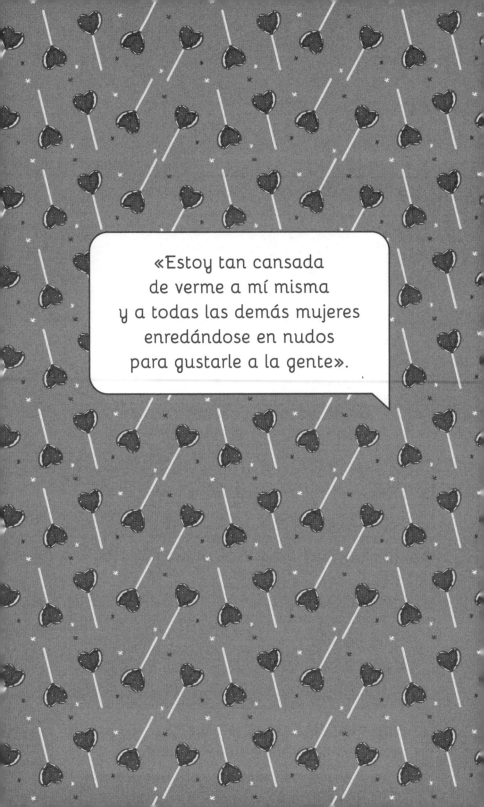

«Estoy tan cansada
de verme a mí misma
y a todas las demás mujeres
enredándose en nudos
para gustarle a la gente».

6. El poderoso monólogo de America Ferrera (Gloria) en *Barbie*

Qué significa realmente ser mujer

La escena del monólogo de America Ferrera es una de las más aclamadas del film y muchos ya lo consideran uno de los mayores discursos feministas del mundo del cine. Y no les falta razón.

En este libro se le ha querido dar la importancia necesaria y dedicarle un capítulo completo a esas líneas que Greta Gerwig y Noah Baumbach escribieron para inspirar a cualquier mujer.

Pero antes, situémonos en el momento de la película en el que este monólogo arrollador se da. Porque no es otro que en el que Barbie está en su momento más bajo y en el que, literalmente no es capaz de nada. Ni siquiera de estar de pie.

Es aquí cuando vemos que

intentar encajar en la norma acaba por asfixiar incluso a Barbie Estereotípica

Abatida por la victoria de los Ken, Barbie lanza unas palabras que serán el detonante para que el personaje de Gloria lance su famoso *speech* y que bien podría ser una perfecta definición de lo que viene a ser el «síndrome de la impostora»:

> «*No soy lo suficientemente inteligente como para ser interesante. No puedo hacer una cirugía cerebral. Nunca he volado un avión. No soy presidenta. Nadie en la Corte Suprema soy yo. No soy lo suficientemente buena para nada*».

Gloria, harta de escuchar hablar de esa manera a su amiga, y, por otra parte, de verse reflejada también en esas palabras, tranquiliza a Barbie con el conmovedor monólogo que ha conseguido traspasar la pantalla y llegar al corazón de quienes han sido testigos de esta escena.

Aquí va una transcripción del guion original de **Greta Gerwig** y de su traducción al español:

'Barbie': Monólogo completo de America Ferrera

Versión original

«It is literally impossible to be a woman. You are so beautiful, and so smart, and it kills me that you don't think you're good enough. Like, we have to always be extraordinary, but somehow we're always doing it wrong.

You have to be thin, but not too thin. And you can never say you want to be thin. You have to say you want to be healthy, but also you have to be thin. You have to have money, but you can't ask for money because that's crass. You have to be a boss, but you can't be mean. You have to lead, but you can't squash other people's ideas.

You're supposed to love being a mother, but don't talk about your kids all the damn time. You have to be a career woman, but also always be looking out for other people. You have to answer for men's bad behavior, which is insane, but if you point that out, you're accused of complaining.

You're supposed to stay pretty for men, but not so pretty that you tempt them too much or that you threaten other women because you're supposed to be a part of the sisterhood. But always stand out and always be grateful. But never forget that the system is rigged. So find a way to acknowledge that but also always be grateful.

You have to never get old, never be rude, never show off, never be selfish, never fall down, never fail, never show fear, never get out of line. It's too hard! It's too contradictory and nobody gives you a medal or says thank you! And it turns out in fact that not only are you doing everything wrong, but also everything is your fault.

I'm just so tired of watching myself and every single other woman tie herself into knots so that people will like us. And if all of that is also true for a doll just representing women, then I don't even know...».

Traducción al español

«Es literalmente imposible ser mujer. Eres tan hermosa y tan inteligente, y me mata que no creas que eres lo suficientemente buena... Siempre tenemos que ser extraordinarias, pero de alguna manera siempre lo estamos haciendo mal.

Tienes que ser delgada, pero no demasiado delgada. No puedes decir que quieres ser delgada, tienes que decir que quieres estar sana, pero también tienes que estar delgada. Tienes que tener dinero, pero no puedes pedir dinero porque eso es grosero. Tienes que ser la jefa, pero no puedes ser mala. Tienes que liderar, pero no puedes aplastar las ideas de otras personas.

Se supone que debe encantarte ser madre, pero no hables de tus hijos todo el maldito tiempo. Tienes que ser una mujer con una carrera, pero también estar siempre pendiente de otras personas. Tienes que responder por el mal comportamiento de los hombres, que es una locura, pero si lo señalas, te acusan por quejarte.

Se supone que debes mantenerte bonita para los hombres, pero no tanto como para tentarlos demasiado o amenazar a otras mujeres porque se supone que eres parte de la hermandad. Siempre debes destacar y ser agradecida; pero nunca olvides que el sistema está amañado, así que encuentra una manera de reconocer eso, pero también sé siempre agradecida.

No tienes derecho a envejecer, nunca puedes ser grosera, no presumas, no seas egoísta, nunca caigas, no falles, nunca demuestres miedo, no te salgas de la línea. ¡Es muy difícil! ¡Es demasiado contradictorio y *nadie te da una medalla o te dice gracias! Y resulta que, de hecho, no solo lo estás haciendo todo mal, sino que además todo es culpa tuya.*

Estoy tan cansada de verme a mí misma y a todas las demás mujeres enredándose en nudos para gustarle a la gente. Y si todo eso también es así para una muñeca que representa a las mujeres, entonces apaga y vámonos.».

Fuera de la gran pantalla, la actriz **America Ferrara** expresó en una entrevista para *Los Angeles Times* cuando le preguntaron por el famoso monólogo de su personaje otras contundentes palabras que no pueden resumir mejor esta escena:

«No hay mujer para quien esas palabras no sean ciertas. Ni una sola. Todo lo que se dice en el monólogo es solo la verdad. Y cuando escuchamos la verdad, golpea de cierta manera, y no puedes dejar de escucharla».

Y es que en el film, este monólogo en el que Gloria —una mujer del mundo real— intenta explicarle a Barbie las contradictorias e inalcanzables expectativas que las mujeres viven día a día, acaba convirtiéndose en el «arma» para luchar contra los Ken convertidos en villanos. ¿Pero cómo?

Arrebatarle el poder a los Ken usando la simpleza

Al inicio de la película, en Barbieland los Ken son un complemento, un simple accesorio de Barbie. Sin embargo, cuando Ken se adentra en el mundo real, se da cuenta de que las cosas podrían ser al revés y toma la decisión de volver a Barbieland para convertirla en Kenland.

La facilidad para conseguirlo es lo que hunde a Barbie y el monólogo de Gloria es la herramienta para revertir ese cambio. No sin antes dejarnos con brillantes escenas que representan al dedillo lo que es el *mansplaining*.

Qué es el *mansplaining* en 3 sencillas escenas

El término **mansplaining** conjuga las palabras inglesas **man** ('hombre') y **explain** ('explicar').

En España, la RAE define el neologismo anglófono *mansplaining* como la «explicación dada por un varón a una mujer en tono condescendiente, presuponiendo de forma injustificada desconocimiento de la cuestión por parte de esta».

Pero ¿cómo representa Gerwig el *mansplaining* en *Barbie*? Como el talón de Aquiles de los Ken con el que las Barbies reconquistarán Barbieland.

Porque para los Ken, todo son explicaciones de *El Padrino*, serenatas de guitarra interminables y caballos. Muchos caballos. Pero para las Barbies, aguantar semejantes tostones y hacerse las tontas es lo que les devolverá el poder que ya tenían. Así-de-simple. Así-de-real.

A través de estas tres escenas, la directora refleja lo fácil que es para los hombres dejarse llevar por esa masculinidad expansiva y dominante y la simpleza que usan ellas para distraerlos, trazar un plan y arrebatarles el poder.

El Padrino, viral en TikTok gracias a *Barbie*

En un momento crucial, uno de los Ken se sorprende ante una de las Barbies al descubrir que ella nunca ha visto la película *El Padrino*. Su reacción es llevarla a verla de inmediato y sugerirle pasar una larga noche juntos para explicarle toda la trama de la película. Ella, con el fin de distraerlo, aceptará.

Este caso de explicación condescendiente se viralizó en TikTok después de que numerosos usuarios de Letterboxd, en su mayoría hombres, empezaran a dar *reviews* negativas de *Barbie*, expresando su descontento ante una película «tan feminista».

La sorpresa y las risas llegaron a TikTok cuando se examinaban los perfiles de estos hombres que habían valorado negativamente *Barbie* y, evidentemente, entre sus películas preferidas se encontraba... tachán, redoble de tambores... *El Padrino.*

«No sé de informática ni cómo gestionar mi dinero», un tópico en auge en la era de los criptobros

Otra de las escenas en las que las Barbies se aprovechan de los Kens es cuando una de ellas finge no conocer cómo se usa un programa informático y en la que, rápidamente, un Ken «corre a ayudarla».

Y otra, todavía más divertida por el contexto actual y el *boom* de los últimos años en lo que a las criptomonedas se refiere, es una en la que una Barbie afirma no tener ni idea de cómo gestionar su dinero y otro Ken no tiene dudas en explicarle cómo hacerlo.

¿Te suenan estas escenas? Porque ocurren todos los días. En la oficina, en clase, en casa y, por supuesto, en redes sociales.

Guitarrita *non-stop*

En una de las secuencias más divertidas del film, y como

colofón final de la venganza de las Barbies en contra de los Ken, estas fingen estar interesadas en escuchar sus interminables actuaciones tocando la guitarra en la playa.

De una forma tan elegante como satírica, Gerwig representa el ego sin límite de los hombres a través de esta escena. Porque tan solo con un gesto de las Barbies, que es el de dejar de prestarles atención continua a los Ken, todo se desmorona.

Y ahí la fragilidad de toda masculinidad representada por la falta de atención hacia los supuestos machos alfa. En resumen: un ligero soplido hacia un castillo de naipes.

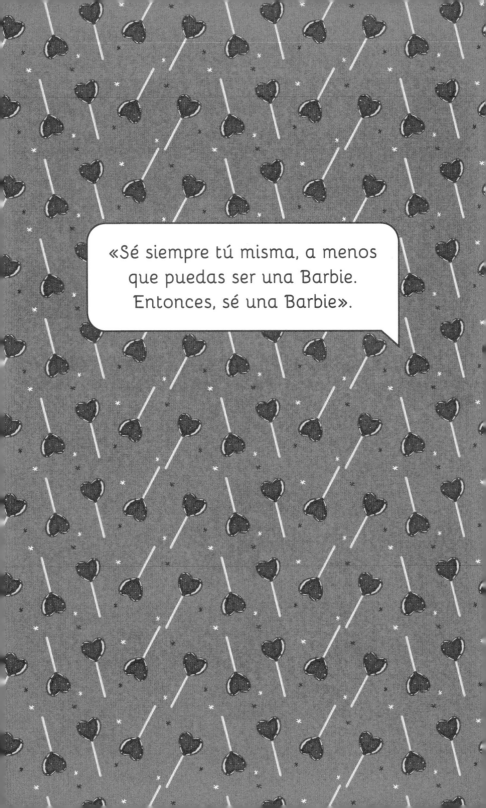

«Sé siempre tú misma, a menos que puedas ser una Barbie. Entonces, sé una Barbie».

«No tengas miedo de brillar.
Eres una estrella
en tu propia historia».

7. La directora

Greta Gerwig, icono del cine feminista

Barbie se ha convertido en una de las únicas 52 películas de la historia que han logrado recaudar más de mil millones de dólares. Y es la única de la lista dirigida completamente por una mujer: **Greta Gerwig**.

Solo dos mujeres más han superado la barrera de los mil millones de dólares: Anna Boden con *Capitana Marvel* y Jennifer Lee con *Frozen II*, pero ninguna de ellas dos estaba sola.

El debut de Carol Danvers contó también con Ryan Fleck detrás de las cámaras y la histórica película protagonizada por Elsa y Ana —considerada ya uno de los mejores musicales del cine— también fue creada bajo la dirección de Chris Buck.

Gerwig es escritora, actriz y, por supuesto, directora. ¡Y qué directora!

Nacida en Sacramento, California, el 4 de agosto de 1983, se graduó en Inglés y Filosofía en el Bernard College, lugar en el que empezó su camino en el mundo del cine a través del *mumblecore*.

Qué es el *mumblecore* y cuál es la esencia de su cine

Se llama cariñosamente (o despectivamente, según gustos) *mumblecore* a las películas de bajo presupuesto en las que lo más importante no es tanto la historia o los escenarios lujosos o exóticos, los efectos o el montaje, sino los diálogos. Para hacernos una idea, pensemos en muchas de las pelis de Woody Allen, Kevin Smith o Isabel Coixet, o en adaptaciones de obras de teatro.

Una de las claves es que los directores y directoras son a la vez guionistas de sus obras. Y, en bastantes casos, también actores. Por razones obvias, el *mumblecore* es el tipo de cine más barato de hacer, por lo que resulta ideal para jóvenes principiantes con mucho más talento que presupuesto.

Como curiosidad, en una entrevista en *Vogue*, Gerwig reconocía que su lugar favorito para escribir es una cama donde poder echar una siesta de vez en cuando. Así escribe ella: en una cama. Y así es como ha enamorado a medio mundo.

Primeros éxitos en solo cuatro años

Su primera aparición en el cine fue como actriz en un papel muy discreto en la película *LOL*, de Joe Swanberg, en 2006. Siguió trabajando con el director y juntos escribieron dos cintas: *Hannah Takes the Stairs* (2007) y *Noches y fines de semana* (2008). En ese mismo año también aparece como actriz en *Baghead*, de Jay y Mark Duplass.

Participó en otros proyectos, pero todo cambió en 2010 cuando actuó en *Greenberg*, protagonizada por Ben Stiller y dirigida por Noah Baumbach. Su papel le hizo llegar a un público más masivo. Y además, a raíz de la película surgió su relación con Baumbach, que se convirtió en su pareja y más tarde en el padre de sus dos hijos.

Detrás de esta Barbie también hay un Ken

Baumbach, además de ser coescritor de *Barbie, la película*, también es un director y guionista muy reputado, con películas como *Historias de un matrimonio* (2019) y *Frances Ha* (2012), en la que Gerwig fue la actriz protagonista.

En este film, Greta enamoró al público gracias a su personaje Frances Hallay, una bailarina que vive en Nueva York y que se encuentra en ese momento vital en el que hay que decidir lo que se desea en la vida.

Muchos calificaron su actuación como magnética, por

su forma de representar la imperfección y torpeza del personaje (y que, por cierto, tiene similitudes con el papel al que da vida Margot Robbie en *Barbie*).

Dirigir (o «coger las riendas del caballo», que diría Ken)

En 2017, Gerwig dio el salto y dirigió su primera película en solitario, *Lady Bird*. La cinta fue todo un éxito de taquilla y consiguió cinco nominaciones en los Óscar.

Protagonizada por Saoirse Ronan, la historia explicaba la vida de una adolescente de Sacramento en pleno autodescubrimiento, y de la relación que esta tenía con su madre.

La película, que costó 10 millones de dólares, llegó a recaudar 78, ¡casi ocho veces más que su presupuesto!

Si bien es más fácil multiplicar tanto los beneficios con films relativamente «baratos» que con superproducciones, no se puede desmerecer en nada un éxito como este. Y es por eso que, en 2019, Sony Pictures apostó por Greta para dirigir la enésima versión de *Mujercitas*, dándole vía libre para narrar una vez más la historia de cuatro hermanas en la Norteamérica de finales del siglo XIX, según la novela clásica de Louisa May Alcott.

Las curiosidades de Greta con los Premios Óscar

Entre las once nominaciones a los Óscar que ha recibido, destaca la de mejor dirección en 2018, que acabaría ganando Guillermo del Toro por *La forma del agua*, y que la convirtió en la quinta mujer en optar a este premio.

Desde entonces y hasta 2023 solo ha habido dos más; es decir que, en 95 años de los Óscar, ¡solo siete mujeres han sido candidatas a mejor directora! La mala noticia es que eso es bastante representativo de la realidad histórica... y la buena, que la situación está cambiando muy rápidamente gracias a talentos como Greta Gerwig, Jane Campion, Kathryn Bigelow y Chloé Zhao (por cierto, estas tres últimas han sido las únicas en ganarlo).

En la edición de 2019, Greta y su marido, Noah Baumbach, dieron mucho de qué hablar. Y es que entre los dos obtuvieron seis nominaciones por sus respectivas películas: *Mujercitas* e *Historias de un matrimonio*, que cuenta la historia de la separación de una pareja de artistas.

Las dos obras acabaron ganando un Óscar relativamente menor cada una: mejor vestuario para la de ella, y mejor actriz secundaria para la de él. (¡Y ojo, que esto no les quita ningún mérito! Eso sería como acusar a alguien de ganar solo el Premio Nobel de Química).

Su relación con la muñeca Barbie

La pregunta es inevitable: ¿qué historia hay entre Barbie y la directora? ¿Tenía alguna? ¿Le gustaban? ¿Las odiaba? Aunque su madre se resistía a regalarle una porque no consideraba a la muñeca un buen *role model*, Gerwig dice que heredó algunas de sus vecinos, pero muy usadas y rotas, es decir, del estilo de la Barbie Rara que interpreta Kate McKinnon en la peli.

En lo que muchos habrían esperado una comedia fácil que no se cuestionara demasiado, Gerwig expone un discurso claramente feminista en boca de una Barbie que se baja de sus tacones -una imagen que ya nunca podremos olvidar- y pisa más fuerte que nunca para decirnos que las cosas han cambiado, incluso las muñecas de las que menos te lo esperabas.

Su escena preferida de *Barbie*

Para muchos quizás pasa desapercibida: es el momento fugaz en el que Barbie se pasea por Barbieland en su descapotable, mira al cielo y lanza un *Yay, space!* al ver a sus dos compañeras Barbies Astronautas.

La directora se confesó incapaz de explicar dónde está la gracia en eso, pero que a ella le pareció sencillamente genial. (Por cierto, Barbie Astronauta pisó la luna en 1965, ¡cuatro años antes que en la realidad! Es decir, que en algún lugar del satélite queda una huella más estilosa, probablemente con tacones y anterior a la famosa de Neil Armstrong).

En todo caso, parece que la propia NASA entendió perfectamente la broma: subió una foto de dos Barbies Astronautas en la Estación Espacial Internacional después del estreno de la película, con la frase:

En general, Greta ha confesado más de una vez su sorpresa ante la cancha que le dio Mattel para hacer lo que quisiera con Barbie.

«Hay un momento en la película en el que los Ken están montando caballos invisibles desde su batalla en la playa hasta las Mojo Dojo Casa Houses. ¿Cómo es que nos dejaron hacer eso? Todavía me lo pregunto».

¡Pues quizás fue precisamente porque tuvieron el talento de intuir el fenómeno en que iba a convertirse la película!

«Las amigas
siempre están ahí
para apoyarte, animarte
y compartir aventuras
contigo».

«El rosa no es solo un color,
¡es una actitud!».

8. Los protagonistas

Quiénes son los grandes actores de la peli

Después de hacer un repaso sobre la persona que ha dirigido el film que ha causado todo este revuelo alrededor de la muñeca más exitosa del mundo, hablemos de quiénes han encarnado los papeles que han dado vida a los juguetes de plástico con los que todo niño pequeño ha jugado alguna vez.

Empecemos por la protagonista que da vida en el mundo real —nunca mejor dicho— a Barbie. Y es que justo antes de que Gloria dé su épico discurso, Barbie hace una reflexión sobre ser imperfecta en la que, mediante una voz en *off*, se cuela en la película una nota de la directora —a modo de chiste metacinematográfico— en la que se dice que Margot Robbie no es la actriz ideal para que se entienda el mensaje que se quiere transmitir. Y de eso también va la película y la elección de la actriz, ya que Robbie representa a la perfección esa idea preconcebida de que todos pensamos en Barbie (y en Margot) como el estereotipo de perfección.

Margot Robbie como Barbie

Gerwig ha declarado que, cuando escribía el guion de *Barbie* junto a su marido, lo hacía pensando en **Margot Robbie** para el papel en todo momento.

La australiana Robbie —que además es una de las productoras de la película, habiendo aportado más de 12 millones de dólares—, tras vivir toda su adolescencia en una granja, se convirtió en toda una estrella de la noche a la mañana por su papel como novia de Leonardo DiCaprio en *El lobo de Wall Street* (2013). Más tarde sería Harley Quinn en las películas de DC de *El Escuadrón Suicida* (2016), con tal personalidad que, desde entonces, el propio personaje del cómic se parece mucho más a Robbie que a su aspecto original.

Ha sido nominada dos veces a los Óscar: la primera, como protagonista de *Yo, Tonya*, en 2017; y la segunda, como mejor actriz secundaria por *El escándalo*, en 2019, compartiendo cartel con Charlize Theron y Nicole Kidman. También fue candidata a los Globos de Oro por estas dos mismas obras y por *Babylon*, en 2023.

En una entrevista durante la promoción de *Barbie*, la actriz reconoció que de pequeña no tenía muñecas Barbie, pero sí le habían regalado la casa plegable de la muñeca. Y fue por eso que uno de sus mayores placeres durante el rodaje fue vivir la construcción de los decorados y pasearse por las casas a tamaño real creadas por Sarah Greenwood y Katie Spencer.

Exigencias dignas de una Barbie

Después de decidir que Margot Robbie sería definitivamente Barbie, la directora preguntó por sus exigencias en el rodaje.

Margot respondió que solo quería que hubiera dos cosas. Y, sin duda, las dos peticiones que hizo la actriz la culminan como la única persona que podía hacer este papel.

Ella fue la que pidió un tobogán directo desde su habitación hasta la piscina —un sueño que había tenido toda su vida—, como ha comentado en múltiples entrevistas; y también que hubiera una Barbie Sirenita.

Gerwig no solo le concedió sus dos deseos, sino que, como sirenita, contó con Dua Lipa para interpretar el papel y también uno de los temazos de la cinta, *Dance The Night*.

Cómo se crea una Barbie

Para preparar el papel, Margot Robbie transformó el interior de su tráiler para que pareciera el tráiler de Barbie. Lo llenó de objetos rosas que le transmitieran positividad. Incluso llegó a hacerse con una colonia de Barbie para ayudarla a asociar ese olor a ese lugar rosa y lleno de cosas felices, lo que la empujaban a meterse de lleno en el papel y en el *mood* que quería transmitir.

Siguiendo con la preparación del papel, Margot admitió que se pasó días en los *headquarters* de Mattel para hablar con sus empleados en un intento de descubrirlo todo sobre la muñeca.

Lo curioso de este hecho es que, igual que en la película, Barbie acude a las oficinas de Mattel para tratar de buscar la solución a sus obstáculos.

No obstante, la actriz confiesa que la parte más importante de su transformación en Barbie fueron las largas llamadas con la directora trabajando en el papel. Y es que la unión de actriz y directora fue esencial desde el principio.

Ryan Gosling, actor prodigio y «novio de América»

En el caso de **Ryan Gosling**, canadiense, se subió a los escenarios desde niño. De hecho, estuvo a punto de ser uno de los miembros del grupo musical The Backstreet Boys, aunque finalmente el puesto lo ocupó Nick Carter. (Y, si has visto *Barbie*, ya sabes lo importante que es su experiencia musical para la peli: su *I'm just Ken* ya ha superado los ochenta millones de reproducciones entre Spotify y YouTube).

Pertenece al selecto grupo de intérpretes que comenzaron de muy jóvenes en el *El club de Mickey Mouse* de Disney como actores y cantantes, para triunfar después plenamente por sí mismos: Britney Spears, Justin Timberlake, Christina Aguilera, Selena Gómez, Miley Cyrus y tantos y tantas más.

Como actor, es de los privilegiados que pueden ir alternando entre participar en los más exitosos *blockbusters* y en películas *indie* de calidad, con papeles más exigentes y en los que puede hacer brillar más su talento.

Sus mayores éxitos hasta ahora, además de *Barbie*, han sido *Drive*, en 2011, y sobre todo *La La Land*, en 2016. Al igual que sucede con Margot Robbie, ha estado implicado en films que han ganado montones de Premios Óscar, pero el ganarlo como mejor actor aún se le resiste, quedándose más de una vez a las puertas.

Aparte de sus cualidades interpretativas, Ryan tiene un enorme carisma, lo que le ha hecho ser considerado como «el novio de América», uno de ese selecto grupo —como, por ejemplo, Tom Hanks— que no solo es admirado sino que cae bien a todos.

Un Ken de lo más consentido

El actor canadiense fue Ken antes incluso de saberlo. Igual que le pasó a Margot Robbie, cuando Greta y Noah escribían el guion, siempre imaginaron que ellos dos interpretarían a la pareja de juguetes por excelencia.

De todos modos, fue Margot Robbie la que le envió el guion junto a unas cuantas Barbies y un Ken para las dos hijas que este tiene con Eva Mendes, de 8 y 7 años. A las niñas les encantaron las muñecas, pero Gosling no aceptó participar en la película hasta que un día salió al jardín y vio que el Ken estaba abandonado, boca abajo, junto al barro y al lado de un limón aplastado.

Ryan Gosling decidió enviarle la foto del escenario del crimen junto a un mensaje contundente:

«Seré tu Ken porque esta historia tiene que ser contada».

Viendo el poder que había ejercido con esas Barbies que le había enviado, Margot Robbie se comprometió a hacerle regalos a Ryan Gosling absolutamente todos los días de rodaje. Y lo cumplió sin saltarse ni un día durante los cinco meses que estuvieron rodando.

Cada día, Margot le llevaba un regalo envuelto de color rosa a Ryan Gosling con una nota que decía «De Barbie para Ken».

Cómo se crea un Ken

Ryan Gosling dice que para preparar el papel tuvo que reencontrarse con sus primeros años como actor en el programa de Disney *El club de Mickey Mouse* junto a Justin Timberlake, Christina Aguilera y Britney Spears. A diferencia de sus compañeros, él no destacó y se sintió perdido, aunque tenía una certeza: lo suyo no era eso. Y volvió a encontrarse con ese niño perdido para hacer las paces con él. De alguna manera, Ryan hizo el mismo viaje que hace Ken en la película.

Y si hay una cosa que sorprende más que la actuación de Gosling, es su cuerpo. Aclaración: cuerpazo. El actor seguía un régimen y una rutina de ejercicio muy estricta para preparar su papel de Ken. Además de una dieta llena de proteínas durante los meses previos al rodaje, empezó un fuerte y exigente entrenamiento durante toda la semana, descansando solo miércoles y domingo. Simu Liu, su compañero Ken y archienemigo, le alababa.

«Ryan fue la mejor inspiración, porque era el más disciplinado. No podía ganarle en el gimnasio... Siempre llegaba antes y se iba más tarde que yo», comentaba su compañero, también intérprete de Ken.

I'm kenough

Sin duda, uno de los momentos estrella de Ken en *Barbie* es el de sus actuaciones musicales, que Ryan Gosling interpreta aún mejor que cómo lo hizo en *La La Land*. Y uno de los grandes éxitos de *Barbie* es el tema *I'm Just Ken*, escrito por Mark Ronson, productor de Amy Winehouse y ganador de un Óscar por *Shallow* para la película *A Star Is Born*, interpretada por Lady Gaga.

Aunque al principio la canción no iba a estar incluida en la historia porque todo empezó con una broma que grabó Ronson para la directora, Gerwig se enamoró de la idea y no se equivocó al incluirla. La canción ha sido todo un éxito y ya acumula más de 68 millones de reproducciones en Spotify, más los siete que suma en YouTube. Y Ryan Gosling pasará a la historia del cine con este papel de Ken en su top 3.

Las Barbies

Es verdad que los dos protagonistas son excepcionales. Pero el trabajo de *casting* de la mano de Lucy Bevan y Allison Jones es igual de potente.

Por eso, entre todas las Barbies contamos con nombres tan reconocidos como el de **Kate McKinnon**. La actriz y humorista neoyorquina tiene uno de los papeles más importantes de la película: el de la Barbie Rara.

Emma Mackey, conocida por su papel en *Sex Education* y confundida en miles de ocasiones con Margot Robbie por su indudable parecido, también es Barbie. Entre las demás muñecas de Barbieland también nos encontramos a **Issa Rae**, **Alexandra Shipp** y la actriz e icono trans, **Hari Nef**.

Luego tenemos la aparición estelar de **Emerald Fennell**, la actriz y escritora conocida por su guion en la premiada *Una joven prometedora* (2020). En Barbieland da vida a la polémica Midge, la Barbie embarazada que fue descatalogada por Mattel en varias ocasiones.

Los Ken

Ellos tampoco se quedan atrás en cuanto a *casting*. Obviamente, el más destacado es el archienemigo de Ken playero, también Ken, interpretado por **Simu Liu**. El actor canadiense se hizo muy conocido por protagonizar *Shang-Chi y la leyenda de los Diez Anillos* en 2021. Liu borda el papel y nos regala unas escenas memorables junto a su compañero Gosling.

Aunque no todo es tan bonito. Durante el estreno se filtró que no había muy buen ambiente entre ellos dos, llegando a enfrentarse a él en un evento de prensa para presentar la película. Él mismo acabó con todas las dudas con una *story* en Instagram en el que se les veía a los dos posando juntos.

Además de Liu, los Ken también cuentan con Ncuti Gatwa, también conocido por participar en la serie *Sex Education*, Kingsley Ben-Adir y Scott Evans.

Allan, el mejor personaje de la historia del cine

No podemos olvidarnos de **Michael Cera** haciendo de Allan. El actor que da vida a *Scott Pilgrim contra el mundo* (2010) y *Superbad* (2007) es la elección perfecta para construir el personaje masculino que, sin duda, necesitaba el cine y Barbieland.

Su personaje muestra la importancia de no tener la necesidad de exponer una masculinidad tóxica, del valor de autorrevisarse y de la indiferencia y aceptación ante el saber que uno no encaja en la norma. Allan es, en esencia, un tipo simpático y amable que no necesita fortalecer el patriarcado para justificar su existencia. Y Michael Cera lo borda.

Ferrell como el CEO de Mattel y como representación de la autocrítica de la propia compañía

El actor, escritor y productor, de entre otras joyas como *Succession*, da vida en este film al «malvado» CEO de Mattel. Al igual que en *Zoolander: un descerebrado de moda* (2001), **Will Ferrell** conseguía sacar carcajadas a cualquiera que era testigo de su interpretación del villano Jacobim Mugatu, lo mismo que pretende en este papel como dueño y señor de la compañía que quiere devolver a Barbie a su caja de plástico. No lo consigue de forma tan evidente como en otros de sus films, pero la autocrítica de su personaje ha hecho que incluso el CEO real a quien interpreta esté al 100 % satisfecho con cómo lo aborda el actor.

Gloria

Otra de las protagonistas de la cinta y clave para la búsqueda de Barbie de un destino mejor para ella es Gloria,

interpretada por la actriz **America Ferrara** —que irónicamente se dio a conocer por su papel protagonista en
Betty la fea.

Del mismo modo en que el cine jamás olvidará uno de
los monólogos más feministas de la pantalla, tampoco de-
beríamos los espectadores dejar atrás el hecho de que, el
marido de Gloria en la película, también es el marido de
America Ferrara en la vida real, con el que comparte dos
hijos, y que, irónicamente sale mencionado en los créditos
del film como «marido de Gloria», dándole más énfasis a
ese papel secundario que en el mundo real tienen los cón-
yuges e, históricamente, las mujeres.

En este libro sí mencionaremos su nombre, **Ryan Piers
Williams**, también director de cine, alabando dos de las
líneas más divertidas de la película interpretadas por él.

Los cameos de *Barbie*, dignos de recordar

Ya hemos comentado antes la aparición de Dua Lipa y
John Cena como Barbie Sirena y Ken Sireno. Pero no podemos olvidarnos de otras apariciones de la cinta, como
la de la estrella de *Los Bridgerton*, **Nicola Coughlan**, que
aparece en la película dando vida a la Barbie Diplomática.

La actriz de *Los Bridgerton* que aparece en *Barbie*

Además, Coughlan contaba en una entrevista que ella era muy, pero que muy fan de Barbie y les pidió a las diseñadoras de vestuario que le hicieran el traje de su muñeca preferida, la Sparkle Eyes Barbie. Y así aparece vestida en la cinta. Un sueño para ella.

Un guiño a la obra de Marcel Proust y al volver a la infancia, lo que viene siendo «ser adulto e ir a ver *Barbie*»

Otra Barbie que hace un cameo muy corto es **Lucy Boynton**, interpretando a Barbie Proust. En una entrevista para *The Hollywood Reporter*, Gerwig mencionó que la aparición de esta Barbie es un guiño a la obra de Proust. En la obra del escritor *En busca del tiempo perdido* (1914), un personaje se traslada a su infancia por el olor de una magdalena.

¿Tal vez la escena más bonita de toda la película?

Cuando Barbie se adentra en el mundo real y es rechazada por Sasha, la hija de Gloria, esta, desesperada, se sienta en un banco para llorar y mirar a su alrededor.

Junto a ella se encuentra con una mujer mayor —recordemos que es la primera vez que Barbie ve a una persona anciana— y le comenta, asombrada, lo guapa que es. Esta otra, segura de sí misma, le contesta con un «lo sé», lo que lleva a las dos mujeres a reírse.

La oscarizada diseñadora de vestuario **Ann Roth**, amiga de Gerwig, es la mujer que interpreta a esta señora mayor. Y este libro también es la ocasión perfecta para recordar la trayectoria de esta admirable mujer de 91 años que lleva más de seis décadas detrás de las pantallas involucrada en proyectos de la talla de *El talento de Mr. Ripley* (1999) o *Cowboy de medianoche* (1969), como también de sus cinco nominaciones a los Óscar y de sus dos estatuillas doradas a Mejor Vestuario por *El paciente inglés* (1996) y *La madre del blues* (2020).

«Las princesas también pueden ser valientes, inteligentes y luchar por lo que creen».

«La vida es mejor cuando
la vives en tacones altos».

9. Juguetes en el ático

Muñecos que vuelven a cobrar vida

Si tenemos que hablar de jugadas maestras de la película, no podemos dejar pasar la decisión de Mattel de darle protagonismo a juguetes que la propia compañía descatalogó hace años.

Algunos fueron retirados por considerarse peligrosos para los más pequeños y evitar ahogamientos. Otros, simplemente, jamás se hicieron hueco.

Repasemos la polémica de cada uno de estos muñecos que tanto han llamado la atención tras aparecer en la gran pantalla.

Midge, la Barbie embarazada de la que no tardaron en desembarazarse

En 1963, Mattel creyó que a las niñas les encantaría que Barbie tuviera una amiga embarazada.

> *Spoiler*: no fue así. La característica muñeca pelirroja y pecosa con un vestido lila dejó de fabricarse al año siguiente.

A finales de los ochenta, Midge hizo una breve reaparición en la línea *California Dream Barbie*, en la que lucía un estilo más moderno y elegante. Sin embargo, solo estuvo disponible de forma temporal.

En los noventa volvieron a lanzarla, y esta vez junto a Allan (que también aparece en la peli, interpretado por Michael Cera), con un hijo de 3 años, y de nuevo embarazada.

¿Culpable de promover el embarazo adolescente? Para muchos padres, lo fue

Carol Spencer, diseñadora en Mattel durante 35 años, contó en BuzzFeed News que Barbie no podía tener un bebé ya que estaba destinada a no casarse nunca porque, de lo contrario, eso acabaría con el juego.

De hecho, Ruth Handler, creadora de Barbie, nunca quiso que su icónica muñeca fuera madre, ya que debía representar el periodo en la vida de una mujer joven previo a la maternidad. Midge era todo lo contrario: era una muñeca con una tripa magnética de quita y pon. Y cuando se quitaba la tripa, también había un bebé que se podía sacar del compartimento.

Esta colección de la familia feliz de los noventa fue muy criticada por padres y madres, y la compañía acabó por retirarla. Según Associated Press, los compradores de Walmart iniciaron una campaña solicitando que se retirara la muñeca de las estanterías, argumentando que Midge fomentaba la idea del embarazo adolescente.

Allan, el mejor amigo de Ken

Este muñeco fue desapareciendo poco a poco de la vida de Barbie y Ken, pero lo que no muchos saben es que el motivo de su lanzamiento, en 1964, fue el de ser el marido de Midge, la anteriormente mencionada Barbie Embarazada.

Al igual que Barbie necesitaba una mejor amiga, Ken también. Y ahí es cuando surgió la idea de crear a Allan. La pareja (menos) perfecta que Barbie y Ken para poder tener citas a cuatro.

En la cabeza de los trabajadores de Mattel parecía maravilloso

Uno de los datos más divertidos es que el eslogan de venta de este muñeco era que le servía la misma ropa que a Ken. Creado para ser un segundón, vendido sin disimularlo también.

A pesar de que al principio lo vendían por separado, al igual que lo habían hecho con el lanzamiento de Midge, después resurgió en la colección de *Familia Feliz* junto al hijo pequeño Ryan.

A raíz de la polémica con Midge, Allan también desapareció.

> **Growing Up Skipper, la hermana pequeña de Barbie a la que le crecían los pechos en tan solo dos segundos**

Poco más que decir. Una muñeca. A la que le crecían los pechos. Verlo para creerlo.

En 1964, Mattel lanzó la Barbie Skipper y la presentó como su hermana pequeña. En 1975, y con el fin de mostrar a los más pequeños la transición a la pubertad, la compañía decidió que la mejor opción era crear una muñeca que, con tan solo moverle el brazo izquierdo, provocara que aumentara de altura, pero también de pechos. **GUAU**, bravo, Mattel.

Esa manivela en su brazo izquierdo permitía que, en tan solo unos segundos, esta muñeca pasara de estar plana a tener los pechos como la Barbie original y estar más alta, lo que muchos consideraron fuera de lugar en un juguete.

Cuando haces pop ya no hay stop (bueno, por lo visto sí)

Para ser justos, la intención era buena, y salió en una época en que estaban muy de moda los muñecos a los que «les pasaban cosas» cuando les movías un brazo, aunque generalmente esas cosas fuesen más del tipo de los de acción, que soltaban un golpe de kárate o un guantazo.

Como no podía ser de otra forma, Skipper y sus pechos instantáneos fueron acusados de pervertir a la juventud, junto a Afrodita A y sus «pechos fuera» en *Mazinger Z*, o al treintañero Dúo Dinámico cantando que quince años tiene su amor.

Becky, la Barbie en silla de ruedas

Por el contrario, la siguiente Barbie polémica fue una gran idea… pero muy mal implementada.

En 1977, Mattel lanzó su primera Barbie en silla de ruedas, lo que fue muy aplaudido por promover la inclusividad. No obstante, los creadores de esta versión de Barbie no tuvieron en cuenta que esa silla de ruedas no podía pasar por ninguna puerta de la Dreamhouse de Barbie.

Lo que parecía un sueño se acabó truncando por este «pequeño» detalle que muchos tacharon de desconsiderado. En aquel momento, Mattel dijo que estaban trabajando en la accesibilidad de todos los accesorios de Barbie, pero el rediseño de la casa de Barbie para hacerla más accesible jamás llegó.

Un pequeño detalle muy desconsiderado

Años más tarde, Becky se fue «transformando» y pasó a ser una fotógrafa que iba en su silla de ruedas rosa e incluso en atleta paralímpica con una pierna protésica, pero finalmente acabó desapareciendo.

En 2019, Mattel lanzó una colección de muñecas inclusivas que volvió a presentar a una Barbie en una silla de ruedas. Esta vez sí añadieron un detalle para la muñeca que consistía en una pequeña rampa de color rosa para que esta pudiera acceder a su propia casa.

Earring Magic Ken, el muñeco homosexual

Según el libro *Brand Failures: The Truth about the 100 Biggest Branding Mistakes of All Time*, de Matt Haig, Mattel hizo una encuesta para saber si las niñas creían si Ken era lo suficientemente *cool* para seguir siendo el novio de Barbie. «¿Debería Barbie dejar a Ken o seguir con él?».

Los resultados arrojaron que las consumidoras amaban a Ken, pero querían que fuera más moderno. El pelo engominado y vestir de esmoquin por lo visto empezaba a aburrir a esas niñas y Mattel decidió fijarse en las tendencias del momento para lanzar su nueva colección. Y ahí hay que darle las gracias a MTV. Porque en 1993, Mattel presentó la colección de *Earring Magic Barbie*, que pronto se convirtió en un icono para la comunidad LGTBIQ+.

Que ¿por qué? El nuevo Ken no solo llevaba un aro (de ahí el Earring Magic Ken), sino que vestía un chaleco brillante y una camiseta con transparencias lila.

Sin duda, fue un éxito de ventas y un símbolo para la diversidad. Incluso el periodista especializado en temática LGTBIQ+, Dan Savage, escribió una columna titulada *Ken sale del armario* en la que hizo comentarios que apelaban a que el muñeco hasta llevaba colgado al cuello un juguete sexual: un *cock ring* (un anillo para el pene).

Repetimos, fue un éxito de ventas y, aun así, dejaron de

fabricarlo porque no eran niñas quienes lo compraban, sino hombres homosexuales que lo habían convertido en un símbolo del colectivo.

Teen Talk Barbie, la primera capaz de decir sus propias palabras

Más de treinta años después de su creación, Mattel decidió lanzar en 1992 la primera Barbie con voz. Esta nueva muñeca tenía como particularidad un chip que le permitía repetir cuatro frases al azar de un total de 270 grabadas.

«¿Tendremos suficiente ropa?» o «¡Me encanta ir de compras!», sus pensamientos más profundos

Pero la polémica la desató una de las frases en concreto:

«Las matemáticas son muy difíciles».

En Estados Unidos, el Consejo Nacional de Profesores de Matemáticas se quejó de que frases así desalentaban a niñas y mujeres a estudiar carreras de ciencias. Incluso en la serie de animación de *Los Simpson* llegaron a parodiar esta versión de Barbie en el episodio *Lisa vs. Stacey Malibú*, en el que Lisa inicia una batalla legal al descubrir que su muñeca dice cosas como: «¡A mí no me preguntes, solo soy una chica!».

Después de que Mattel ofreciera cambiar sus muñecas habladoras por otras que no hablasen («total, para lo que hay que oír...»), *Teen Talk Barbie* fue retirada del mercado, y no hemos tenido ocasión de volver a oír las reflexiones de su cerebro de plástico.

Barbie y su perrito Tanner, la mascota que cagaba de verdad

Bueno, de verdad de verdad no, pero el perro sacaba bolitas por el culo. Y es que en 2006, el lanzamiento de la compañía no fue otro que el de Barbie y su mascota, el perrito **Tanner**. La perfecta muñeca rubia de medidas perfectas podía no solo pasear a su perrito labrador, sino alimentarlo con pequeñas bolitas que luego este defecaba.

Más allá de lo escatológico, el problema de este lanzamiento no fue el perrito, sino uno de los accesorios con los que venía la muñeca. Para recoger las cacas, el set venía con un palito para recogerlas y este tenía un pequeño imán que, si se ingería, tenía el potencial de provocar una perforación intestinal, una infección o un bloqueo, lo cual podría tener consecuencias mortales. Mattel retiró esta Barbie y su perrito Tanner nada más saberlo.

Sugar Daddy Ken, su nombre lo dice todo

Para el 50 aniversario de Barbie, Mattel lanzó nuevas ediciones para coleccionistas, y entre ellas se encontraba el muñeco **Sugar Daddy Ken**.

Esta versión más sofisticada y mayor del novio de Barbie vestía una americana y pantalones verdes, una camisa rosa palo y una cabellera repeinada de rubio platino.

Otra vez, los grupos conservadores pidieron explicaciones ante las que incluso salieron anuncios oficiales por parte de la compañía para aclarar que este Ken «solo era el padre de Sugar», pero poco importó. El muñeco fue retirado del mercado dos años más tarde.

La Gran Hermana te vigila

En 2010, la compañía lanzó **Barbie Video Girl**, que llevaba incorporada una cámara de verdad. Podía grabar hasta 30 minutos de vídeo, para después pasarlo a un ordenador a través de un cable USB y compartirlo con las amigas.

La cámara estaba dentro de un collar que llevaba la muñeca. Y en la espalda tenía una pantalla en la que los peques podían ver qué estaban grabando.

A pesar de que la empresa lanzara esta muñeca dirigida a «futuros cineastas» (¡ideal para Greta Gerwig!), un año después el FBI emitió un comunicado alertando sobre el peligro de esta muñeca, que podía ser usada con fines nefastos por adultos muy malintencionados.

No hizo falta ni un caso real para que fuera retirada

Jamás hubo pruebas de que esto hubiera sucedido, pero aseguraron que «un individuo condenado por distribuir pornografía infantil había regalado la muñeca Barbie a una niña de seis años». Al hacerse pública esta información, Mattel hizo un comunicado en algunos medios en el que insistía en que el FBI no había detectado ningún uso inapropiado de la muñeca, pero esto no fue suficiente y la muñeca finalmente fue retirada del mercado.

«La verdadera belleza proviene de dentro, pero un vestido bonito no hace daño».

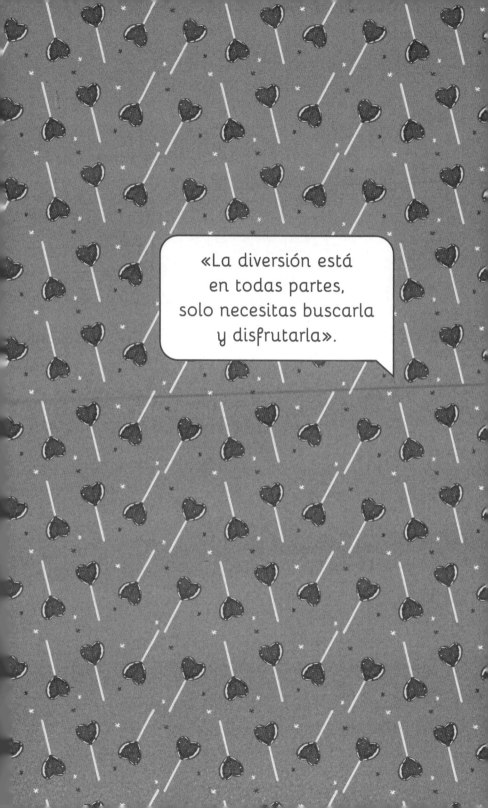

«La diversión está
en todas partes,
solo necesitas buscarla
y disfrutarla».

10. Una campaña de éxito

Las claves del furor rosa

La película de Barbie no solo pasará a la historia por ser una de las más taquilleras de la década, sino que también lo hará por la campaña de *marketing* que también la ha catapultado al éxito que ha tenido. Analicemos algunos de los factores que harán que este caso se estudie en las aulas como ejemplo de un caso de éxito.

El verano Barbie

2023 ha sido, sin miramientos, el verano de Barbie. El *boom* no solo existe por sus reconocidísimos protagonistas, Margot Robbie y Ryan Gosling, sino por todo el universo alrededor que Warner Bros. y Mattel se han encargado muy inteligentemente de crear para sumergir a los espectadores en el imaginario de la película.

Hemos visto carteles de *Barbie*, *celebrities* vestidas de rosa por todas partes, colecciones de ropa creadas especialmente para la ocasión e incluso casas de alquiler que recreaban la mismísima casa de la icónica muñeca.

A quien no le gustara el rosa, el verano de 2023 ha sido su pesadilla. Y la cuestión es que, a pesar de la magnitud del impacto de esta película y del color rosa por todas partes, no ha sido una campaña de *marketing* que haya costado tanto como parece.

Menos costosa de lo que parece

El medio *Business Insider* confirmaba que, para hacer la promoción de este tipo de películas, los costes de *marketing* suelen rondar el 50 % de su presupuesto de producción —a pesar de que no es extraño que en películas de primer nivel cuyo estreno es en verano sea de un poco más—. El caso de *Barbie* es sin duda uno de ellos.

La exitosa película contó con unos costes de producción de 140 millones de dólares y, según confirmaban expertos al mismo medio, para la promoción se estaría hablando de un presupuesto que rondaría entre los 125 a 150 millones de dólares. Repetimos, algo que según expertos estaría dentro de lo estándar.

¿El truco de *Barbie*? La concesión de licencias de propiedad intelectual. Y es que las alianzas que Warner Bros. y

Mattel han establecido con más de 100 marcas para esta promoción han sido clave.

El *licensing'* la clave del éxito que probablemente le reporte más beneficios a la juguetera

Ropa, perfumes, gafas de sol, patines, ¡de todo! Marcas desde Zara, Gap, Forever 21, C&A y Bloomingdale's —en la que también se hace un guiño en la película, como si la tienda se encontrara en Barbieland, pero bajo el nombre de Barbiedale's— son solo algunas de las marcas que han sacado su propia colección de *Barbie*.

En abril de 2023, Warner Bros lanzó un generador de carteles *online* que permitía crear de forma personalizada tu propio cartel de *Barbie*, en el que uno podía subir su foto con la estética oficial del cartel de la película y compartirlo por redes sociales, dando así promoción gratuita también.

El poder de un color y una fecha de estreno

Además, la compañía también lanzó las virales vallas publicitarias con el característico color rosa en las que solo aparecía la fecha del estreno. Nada del título de la película, del nombre de los actores, ni de la directora. Una valla de un color y la fecha de estreno.

En cuanto a los gastos más notables de esta campaña de *marketing*, podríamos hablar de la *pop-up* en la Barbie Dreamhouse o una experiencia en Airbnb en la misma residencia de Malibú en la que años antes, en 2019, Mattel celebró el 60 aniversario de Barbie.

Barbiecore

Qué es y por qué todo el mundo se ha sumado a este fenómeno

El fenómeno mediático que ha creado el estreno de la película se remonta a un año antes del estreno, cuando se filtraron las imágenes del rodaje en las que se veía a Margot Robbie y Ryan Gosling en California vestidos de arriba abajo con unas mallas fluorescentes.

Y es que el ***Barbiecore*** es la tendencia que ha teñido todo el mundo de rosa. Un fenómeno mundial basado en la hiperfeminidad, alabando lo cursi y protagonizado, por supuesto, por el color rosa tan asociado a la icónica muñeca.

Una revolución rosa

Con claras referencias a la moda de los años 2000 (Y2K), y con Paris Hilton abanderando esta estética que es una mezcla entre lo infantil y lo sofisticado, el armario de Barbie y todo su imaginario se han convertido en la inspiración de muchos, incluyendo una cantidad bárbara de *celebrities*.

Desde la realeza hasta la vecina de tu barrio: qué *celebrities* se han sumado a esta tendencia

Desde la propia **Paris Hilton**, que en los 2000 nos regalaba *looks* que hemos podido ver imitados en 2023, hasta **Dua Lipa**, **Hailey Bieber**, **Kim Kardashian**, o incluso la reina de España, doña **Letizia**, el *Barbiecore* se ha apoderado de los armarios de muchísima gente que después hemos podido presenciar en revistas, redes sociales, en la calle y, por supuesto, en las colas de los cines.

Paris Hilton, Britney Spears y Lindsay Lohan: las *queens* de los 2000, referentes de esta tendencia

Cabe destacar que en el mundo *celebrity*, **Megan Fox** y su marido **Machine Gun Kelly** fueron protagonistas de esta tendencia dado el cambio radical de estilo que supuso para ellos el *Barbiecore*, ya que pudimos ver la evolución de una de las parejas más *darks* y *emo* en dos seres que, de arriba abajo —incluyendo el color de pelo— vestían del mediático color.

Sin duda, el *Barbiecore* ha supuesto una total reconciliación con el color rosa.

El fenómeno de Barbenheimer

Barbie se estrenó el verano de 2023 con grandes expectativas tras su anuncio el año anterior. Pero en esas mismas fechas, otra película estaba en boca de todos: *Oppenheimer*, dirigida por Christopher Nolan, el director también de las exitosas *Origen* (2010), *Tenet* (2020) y de la saga de *Batman* (2005-2012).

Una promoción generalizada y gratuita que no tiene precio

El fenómeno Barbenheimer comenzó como una gran broma en redes sociales dado el diferente carácter de estas dos películas que se estrenaron el mismo día. Una, un sobrio y sofisticado drama sobre el creador y nombrado «padre» de la bomba atómica, Robert Oppenheimer. Otra, sobre la muñeca más famosa del mundo, delgada, rubia, de ojos azules y con una clara obsesión por el color rosa. El contraste parecía de broma y las redes sociales hicieron su magia.

A lo largo del verano de 2023, se han hecho pósteres, camisetas y miles de publicaciones en las que los protagonistas de ambas películas aparecían juntos. En la promoción de ambas, se le ha preguntado a los actores protagonistas por la película con la que «competían» en taquilla. Cillian Murphy, el actor irlandés que da vida a Oppenheimer, ha descubierto —después de tantos años— lo que es un meme, dejándonos vídeos de lo más virales ante su reacción sobre el tema.

Incluso los cines se han aprovechado de este fenómeno y han ofrecido sesiones dobles para ver *Barbie* y *Oppenheimer*. Algo que ha sido posible, gracias al ingenio, agilidad y a las mentes más creativas de internet. Un fenómeno que, sin duda, no ha logrado otra cosa que reforzar las ventas en taquilla.

Los *looks* de Margot Robbie inspirados en las muñecas Barbie

Una de las mejores cosas que nos ha dejado *Barbie, la película* es a Margot Robbie yendo más allá de la pantalla con su personaje. Y es que nunca una actriz se metió tanto en la piel y en la ropa de su personaje.

Junto al estilista Andrew Mukamal, la actriz recreó varios de los trajes de la muñeca Barbie en la vida real, así que aquí va un repaso de los mejores:

El vestido que rinde homenaje al primer *look* de Barbie

Con un vestido de rayas blanco y negro de Hervé Léger, Margot emuló el icónico bañador de Barbie que también luce en la primera escena de la película. Posiblemente, uno de los *looks* con más historia de la muñeca, ya que fue el primer atuendo con el que Mattel lanzó a Barbie al mercado.

Pero no solo eso, para la rueda de prensa, la actriz recreó el *look* hasta el más mínimo detalle, llevando también las gafas de sol blancas de ojo de gato con cristales azules, las sandalias *peep-toe* de charol y los pendientes de aro dorados. Todos, accesorios de la Barbie de la época.

Además, destaca también el color rojo de esmalte de uñas y la coleta de caballo alta rizada. Barbie 100 %.

Barbie rosa y fabulosa

Con un vestido rosa de Valentino con lunares blancos, Robbie lucía igual que el modelo Barbie rosa y fabulosa, haciendo guiño incluso a los zapatos blancos y al bolso amarillo.

El estampado vichí, un clásico de Barbie, pero también una referencia a Dorothy, de *El mago de Oz*

La muñeca lleva vistiendo este estampado desde 1973. Y a Margot Robbie se la ha podido ver con más de 3 *looks* con este mismo estampado, ya haya sido en estrenos vestida de Prada, como pillada en el aeropuerto con un conjunto de Chanel.

Además, en la propia película Barbie luce un vestido así que muchos han dicho que era una referencia a *El mago de Oz* y al también icónico vestido vichí blanco y azul de Dorothy.

El detalle del teléfono de Barbie

Para el estreno en Seúl, Margot Robbie y Andrew Mukamal recrearon tan meticulosamente el *look* de Barbie «Del día a la noche», que incluso la actriz llevó un teléfono lleno de *glitter* como el que llevaba la muñeca.

Barbie Jackie O

Moschino fue el encargado de vestir a la actriz en la versión de Barbie de 1964. Y cómo no, tampoco faltó ningún detalle, como el bolso con forma de corazón, el tocado y la pedrería en todo el *look*.

El estreno de *Barbie* en el que Margot Robbie fue la única que no iba de rosa

Con un vestido firmado por Schiaparelli de la mano de Daniel Roseberry, Margot acudió al estreno de la película en Los Ángeles recreando la versión de la muñeca Barbie Solo in the Spotlight, lanzada en 1961.

Desde la coleta alta, las capas de tul de este vestido negro, los guantes largos negros hasta la gargantilla, esta es una perfecta recreación de la muñeca de 1994 que, de una forma muy sofisticada, hizo que la actriz fuera 100 % Barbie sin tener que recurrir al color al que todos asociamos con la muñeca. La joya de la corona de los *looks* porque, al revés que todo el mundo, fue la única en no llegar a la *première* de ese color.

12. La música de Barbie

Una banda sonora destinada a hacerse igual de viral que la película

De la misma forma que es innegable que Barbie se ha convertido en uno de los fenómenos del 2023, también lo es el éxito de la banda sonora de la película.

Y es que su éxito no solo va acompañado de un elenco de protagonistas envidiable, sino que a las famosas caras de Margot Robbie y Ryan Gosling también se le suman las *celebrities* que han puesto voz y ritmo a la película que da vida a Barbie.

En este capítulo haremos un repaso sobre los temas del film y algunas de las polémicas que han acompañado algunas de las canciones.

Dance The Night, de Dua Lipa

Además de hacer un cameo como Barbie Sirena, **Dua Lipa** también aporta el toque setentero a *Barbie, la película* con esta canción disco que habla sobre bailar toda la noche a pesar de la tristeza.

Adornada con una coreografía en la que decenas de Barbies y Kens bailan alrededor de la *Barbie* Dreamhouse, esta canción de Dua Lipa suena justo en el momento en el que el mundo perfecto de Barbie se ve truncado por el pensamiento de la protagonista que verbaliza en voz alta ante todas sus amigas: «¿pensáis alguna vez en la muerte?». De hecho, es la canción que en esta escena se para abruptamente para ver las caras atónitas de las otras Barbies ante la pregunta.

Dance The Night consiguió ser el cuarto tema de Dua Lipa en llegar al número uno en las listas de Reino Unido —el país de la cantante—, después de *New Rules, One Kiss* con Calvin Harris y *Cold Heart* con Elton John. Todo un *hit* que, por supuesto, también se viralizó en TikTok.

What Was I Made For?, de Billie Eilish

Con esta balada que aparece en momentos clave de la película —primero en la escena en la que Barbie llora al comprender la controversia de las emociones del mundo real, y después en el momento en el que la protagonista y su creadora, Ruth Handler, juntan sus dedos como si de la escena de la creación de Adán se tratase—, **Billie Eilish** confesó que no había sido un tema fácil de crear.

La artista estadounidense contaba en el programa de Apple Music 1 que había escrito la canción para sí misma, intentando meterse en la cabeza de Barbie lo máximo posible.

«Fue realmente la cosa más extraña que he experimentado en mi vida, porque realmente estaba escribiendo sobre mí misma, pero yo estaba pensando en mí desde una tercera persona, y a la vez estaba pensando en mí objetivamente, lo que también me hizo sentir realmente conectada a ella», confesaba la cantante.

Tras su brutal colaboración —con la que se alzó con un Óscar— en la última película de James Bond, la estadounidense ha cautivado a los espectadores (y también a TikTok) cantando sobre la crisis existencial de la muñeca más famosa del mundo logrando que todo aquel que la escucha pueda llegar a empatizar. Un tema que también la ha llevado al top 1 de canciones más escuchadas en múltiples países.

El tema favorito de Barbie

Más allá de los temas más virales de la película, la directora sorprende en el film con el tema que Barbie escucha en su descapotable en lo que parece la aventura de su vida: su viaje al mundo real.

Y es que para esta escena, la canción que suena en la radio y que Margot Robbie canta por todo lo alto en su coche rosa es *Closer to Fine*, del dúo de folk-rock Indigo Girls, compuesto por Amy Ray y Emily Saliers. Un tema que habla sobre la búsqueda de respuestas, de salir de la zona de confort y que le va al dedillo al *timing* de la película.

La polémica versión de *Barbie Girl* de Ice Spice y Nicki Minaj

La famosa canción de *Barbie Girl* interpretada por los daneses Aqua —y que nos ha dejado barras tan célebres como *Life in plastic, it's fantastic*— tuvo presencia en el filme, pero no en su formato original, sino en una versión de Ice Spice y Nicki Minaj.

¿Pero por qué no se usó la tan conocida canción para este film? Todo se remonta a una denuncia por parte de Mattel a los cantantes daneses. Y es que, tras el éxito de la canción, la compañía creadora de la muñeca llevó a los tribunales al grupo de música alegando que Aqua había arruinado la reputación de su marca y que el tema se había hecho tan conocido que había empezado a afectar sus estrategias de marketing y por ende, sus ventas.

En enero de 2003, el Tribunal Supremo de Estados Unidos desestimó la acusación de Mattel, afirmando que el grupo danés no intentaba faltarle el respeto ni a Barbie ni a su empresa. Las acusaciones de haber violado los *copyrights* y de haber convertido su muñeca en un «objeto sexual» terminó en nada, pero la canción de Aqua no ha aparecido en el film tal y como todos la conocemos.

En Barbieland suena pop y en el mundo real se perrea

En la cinta de Greta Gerwig destaca también *Waititi*, de Karol G con Aldo Ranks, en un film en el que, en un principio, no pega demasiado el *reggaeton*. Y eso es lo que hace aún más genial la elección de esta canción.

Y es que, tras una intro que nos teletransporta al mundo de Barbie en el que todo es perfecto, sus canciones son *hits* pop por excelencia, y todos sus protagonistas parecen sacados de una caja de muñeca, los protagonistas llegan al mundo real y lo primero que suena de fondo es *reggaeton*.

Una vez más, *chapeau* por parte de la directora.

La canción que los Kens interpretan en la playa que en los 90 se consideró misógina

Otra de las escenas emblemáticas de la película es en la que las Barbies se alían para arrebatarles el poder a los Kens y lograr que Barbieland vuelva para dejar atrás el reinado del patriarcado en su mundo ideal.

Para ello, tienen que pasar por el proceso final de escucharles cantar y tocar la guitarra durante horas en la playa. Y el tema que ellos interpretan también se ha visto envuelto en polémicas por la repercusión que tuvo cuando se lanzó.

Hablamos del *hit Push*, un tema lanzado en 1996 interpretado por la banda de rock alternativo Matchbox Twenty.

«Pensé que si a las Barbies les encanta Closer to Fine, de Indigo Girls, que es una de mis canciones favoritas, los Kens se sentirían muy identificados con Matchbox Twenty», explicaba la directora al medio *EW*.

Y es que esta canción fue un éxito en los 90, pero también se vio envuelta de mucha polémica por considerarse misógina por contener frases como «*I wanna push you around*» («Te quiero empujar») y «*I wanna take you for granted*» («Quiero darte por hecho»). No obstante, el propio líder de la banda, Rob Thomas, confesó que la elección de este tema para los Kens le pareció divertidísima y que no hacía otra cosa que confirmar su admiración por Greta Gerwig.

I'm just Ken, la joya de la corona de la película interpretada por Ryan Gosling

En este *hit* de la película, el Ken protagonista interpretado por Gosling canta «*I'm just Ken, anywhere else I'd be a ten / Is it my destiny to live and die a life of blonde fragility?*» («Tan solo soy Ken / En cualquier otro lugar sería un diez / ¿Es mi destino vivir y morir una vida de fragilidad rubia?»), en el que de una forma completamente satirizada el protagonista lamenta su poca suerte en la vida.

Esta delirante canción ha metido a Ryan Gosling en el Billboard Hot 100 —y que en Spotify lleva más de 70 millones de reproducciones— no estaba prevista y surgió como una broma.

Mark Ronson, productor musical británico de referencia y compositor de la BSO de la película, le mandó una demo de broma a la directora y a esta le gustó tanto que se lo hizo saber al actor protagonista, quien se empeñó en hacerla sí o sí justificando que haría crecer su personaje.

¿El resultado? Una de las actuaciones más comentadas de la cinta. Y es que toda la parafernalia que contiene esta escena, en la que los Kens luchan entre ellos en lo que parece un clip inspirado en los personajes masculinos de

Grease (1978), desemboca en una delirante guerra que no tiene otro objetivo que el autocuestionamiento de la masculinidad de los Kens.

«¿Por qué Barbie no me habló
del patriarcado?».

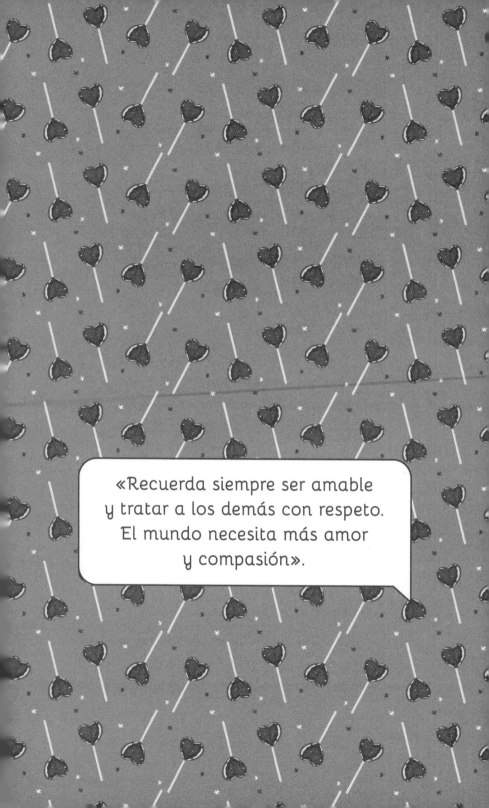

«Recuerda siempre ser amable
y tratar a los demás con respeto.
El mundo necesita más amor
y compasión».

11. El principio de una nueva era

Barbie forever

A quien no haya visto la película, este es un **spoiler** de los grandes. Aunque si has llegado hasta aquí, no habrá problema en mencionar el final de la cinta.

La película de Greta Gerwig termina con Barbie —Margot Robbie— en el mundo real, sin un ápice de rosa en su vestimenta, mucho menos tacones (más bien esas Birkenstock que se le presentaban como su máximo dilema al principio) y asistiendo, a lo que parece ser, una experiencia de lo más normal en el mundo real. ¿Hablamos de una entrevista de trabajo? No, hablamos de una cita en ginecología.

Y es que no es la primera mención en el film que se hace sobre los genitales (o más bien, la ausencia de ellos). Este cambio de Barbie, esta elección por dejar Barbieland para adentrarse de lleno en el mundo real, podría ser una metáfora de la misma compañía Mattel.

Tal y como se ha expuesto a lo largo de este libro, la juguetera y su capacidad para evolucionar y adaptarse a los tiempos es innegablemente de admirar. Porque si hay algo que ha conseguido Mattel, a pesar de lo revolucionario y controvertido que ha sido el estreno de su película, es mantener la esencia de Barbie en todo momento. Y como era de esperar, ha sido una decisión de la cual también se sacará provecho.

Mattel lanza nuevas ediciones de Barbie inspiradas en la película

Más allá de las colaboraciones con marcas y del *licensing*, Mattel es un ejemplo de éxito multimillonario por tomar decisiones como crear nuevas versiones de Barbie basadas en la película.

> ¿Que ha gustado la Barbie Rara?
> Fabriquemos y vendamos Barbies Raras.

La juguetera ya ha puesto a la venta multitud de Barbies y Kens basados en los personajes de la película de acción real, incluyendo también a la Barbie a la que da vida Kate McKinnon y que tanto se ha familiarizado con el público del film. Porque ¿quién de pequeño no ha tratado a una Barbie como la que representa Barbie Rara?

«El juguete de edición limitada tiene un traje rosa casi idéntico al que McKinnon lleva en la película, con marcas en la cara y el pelo extrañamente cortado y teñido para emular a una muñeca con la que se ha jugado demasiado», ha indicado Mattel en la descripción del producto que se vende en edición limitada.

Más allá de generar dinero en cines, hacerse con los patines de Barbie y Ken también es una realidad. Y no nos referimos a los de juguete, sino a unos de medidas reales para humanos. ¿Por qué perder la oportunidad de venderlos tras el éxito de estos en redes sociales?

La inmensa Mattel demuestra, a través de esta película, porque se ha ganado ser el número uno en las listas de las jugueteras en los últimos años. Con apariciones de otros de sus productos en la película —las conocidas cartas del UNO— logra, otra vez más, la consolidación de una empresa que ha sabido mantenerse en la cresta de la ola.

Y no solo eso, porque tras el éxito de *Barbie, la película*, se avecinan más films impulsados por la compañía y sus juguetes de éxito.

Qué otros proyectos cinematográficos tiene en mente después de *Barbie*

La oportunidad de triunfar en otros sectores está, sin ninguna duda, en el horizonte de Mattel. Y así lo han demostrado con el anuncio de su próximo proyecto junto al director J. J. Abrams —conocido por sus películas de *Star Trek* y *Star Wars*— para llevar a la gran pantalla a otro de los juguetes de éxito de Mattel: *Hot Wheels*.

Y no es la única película que Mattel tiene en mente. Muchos apuntan a que la minimuñeca *Polly Pocket* será sucesora de *Barbie*. Lena Dunham —reconocida por su serie *Girls*— está confirmada como directora del proyecto, a quien la acompañará Lilly Collins como actriz, quien estos últimos años ha triunfado en las pantallas gracias a su papel protagonista en *Emily en Paris*.

Siempre un paso por delante

Como bien se decía al principio de este libro, el recorrido hecho por la historia de la muñeca más famosa del mundo nos confirma —tanto si adoramos a Barbie o, por contra, la odiamos— el éxito de su fórmula.

«El legado de Barbie va más allá de lo superficial y abarca temas de gran relevancia social, como la exploración espacial, así como la moda, el coleccionismo, el arte y el diseño, el cine y la televisión. Su influencia se extiende hacia diversas categorías, ampliando su propósito y conectando con audiencias de todas las edades. Barbie inspira a las personas y transmite valores fundamentales que trascienden fronteras», comentaba André Moreira, responsable de Productos de Consumo para Mattel Iberia. Y no se equivocaba.

Sin duda, Mattel seguirá tiñendo el mundo de rosa.

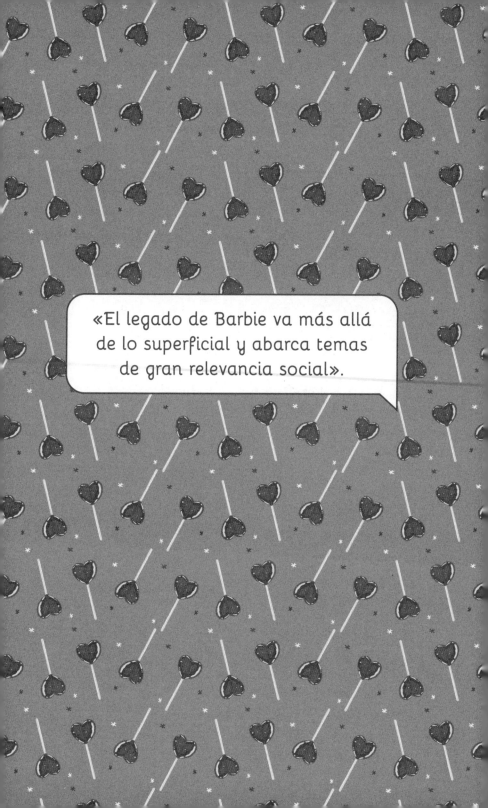

«El legado de Barbie va más allá de lo superficial y abarca temas de gran relevancia social».